# 모두스 비벤디 : 유동하는 세계의 지옥과 유토피아

1판 1쇄 펴냄  2010년 10월 12일
1판 4쇄 펴냄  2015년  9월 21일

지은이 | 지그문트 바우만
옮긴이 | 한상석

펴낸이 | 박상훈
주간 | 정민용
편집장 | 안중철
책임편집 | 이진실
편집 | 윤상훈, 최미정
제작·영업 | 김재선, 박경춘

펴낸 곳 | 후마니타스(주)
등록 | 2002년 2월 19일 제300-2003-108호
주소 | 서울 마포구 합정동 413-7번지 1층 (121-883)
편집 | 02-739-9929, 9930  제작·영업 | 02-722-9960  팩스 | 02-733-9910
홈페이지 | www.humanitasbook.co.kr

인쇄·제본 | 현문 031-902-1424

값 10,000원

ISBN 978-89-6437-123-7 03300

이 도서의 국립중앙도서관 출판시도서목록(CIP)은 e-CIP 홈페이지(http://www.nl.go.kr/ecip)에서 이용하실 수
있습니다.(CIP제어번호: CIP2010003483)

# 모두스 비벤디

**지그문트 바우만 지음 | 한상석 옮김**

## 유동하는 세계의 지옥과 유토피아

# Liquid Times
## Living in an
### Age of Uncertainty

후마니타스

차례

## 일러두기

1. 한글 전용을 원칙으로 했다. 고유명사의 우리말 표기는 국립국어원의 외래어 표기법을 따랐다. 그러나 관행적으로 굳어진 표기는 그대로 사용했으며, 필요한 경우 한자나 원어를 병기했다.

2. 각주와 본문의 대괄호는 옮긴이의 첨언이다. 인용문의 대괄호는 지은이의 첨언이며, 인용문에서 옮긴이의 첨언에는 '옮긴이'를 병기했다.

3. 단행본, 전집, 정기간행물에는 겹낫쇠(『  』)를, 논문이나 논설, 기고문, 단편 등은 큰따옴표("  ")를, 공연물, TV 프로그램 등에는 홑꺾쇠(〈  〉)를 사용했다.

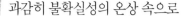# 과감히 불확실성의 온상 속으로

적어도 이 지구의 '선진' 지역에서는 서로 밀접한 연관을 맺고 있는 몇 가지 중요한 변화들이 이미 일어났거나 최근 일어나고 있는 중이다. 이런 양상이 만들어 낸 전례 없는 새로운 생활환경 속에서 각자의 삶을 추구하고 있는 개인들은 이전까지는 결코 마주한 적이 없는 일련의 도전에 직면하고 있다.

우선, 근대성이 '견고한'[고형적]solid 국면에서 '유동하는'liquid 국면으로 바뀌었다. 다시 말해, 사회적 형태들(개인의 선택을 제한하는 구조나, 일상적인 일들과 용인될 만한 행동 양식이 반복될 수 있도록 지켜 주는 제도들과 같은)이 더 이상은 제 모습을 오래 유지할 수 없는(또한 그럴 것이라고 기대할 수도 없는) 여건으로 변해 버렸다. 이런 사회적 형태들은 형성될 때도 시간이 걸리고 일단 형성되어 자리를 잡을 때까지도 시간이 걸리지만, 이제는 그보다 더 빠른 속도로 해체되어 소멸되고 있기 때문이다. 이런 형태들은 이미 존재하는 것들과 이제 겨우 윤곽만 나타난 것들을 불문하고 기대 수명이 짧아 확고하게 자리 잡을 시간이 없으며, 따라서 사람들이 장기적인 생활 전략을 세우거나 행동의 기반으로 삼을 수 있는 준거가 될 수 없다. 이런 이유로 개인들은 일관된 전략을 개발하기 어려운 것은 말할 것도 없고, 자신의 인생을 설계해 꿈을 이루는 데 필요한 시간도 턱없이 부족하다.

둘째, 근대국가의 등장 이후부터 아주 최근까지도 사람들은 권력과 정치가 한 쌍이 되어 "죽음이 갈라놓을 때까지" 국민국가라는 한 가정을 공유할 것이라고 예상했지만, 이제 이들은 별거 상태로 이혼을 눈앞에 두고 있는 상황이다. 과거의 경우 근대국가가 효과적으로 사용할 수 있었던 권력 가운데 상당 부분이 오늘날에는 정치적으로 규제 받지 않는uncontrolled 전지구적(그리고 많은 면에서는 치외법권적extraterritorial●) 공간으로 이전되고 있다. 반면에 행동의 방향과 목적을 결정할 수 있어야 할 정치는 여전히 지역 차원에만 머물러 있는 탓에 전지구적 차원에서는 효율적으로 작동할 수 없다. 정치적 통제가 존재하지 않기 때문에 새로 해방된 권력은 심오하고 원리상 길들일 수 없는 불확실성의 근원이 된다. 또한 권력의

---

● 영토(성)(territory)는 어떤 국가나 통치자의 사법적 관할권 및 통제권이 미치는 공간을 의미한다. 따라서 영토(성)라는 말은 그 자체로 사법적인 의미를 담고 있다고 할 수 있다. 반면, extraterritory는 그런 관할권이 미치지 못하는, 관할권 바깥의 공간이라고 할 수 있기에 이 글에서는 '치외법권 지대'로 옮겼다.

부족으로 인해 기존의 정치적 제도들과 그것이 계획하고 수행하는 일들은 국민국가의 시민들이 안고 있는 삶의 문제들을 해결해 주지 못하는 부적절한 것이 되어 버리고, 따라서 시민들의 관심에서 점점 더 멀어진다. 이와 같이 권력과 정치가 이별해 나타나는 서로 연관된 두 가지 결과로 인해 국가기관들은 점점 자신이 직접 수행하던 기능들을 다른 곳으로 이전시키도록, 즉 (정계에서 유행하는 최신 용어를 빌리면) '보조금'을 지불하거나 '하청'을 주도록 강요받고 있다. 국가가 방출한 기능들은 변덕스럽고 본래 예측할 수 없기로 악명 높은 시장 세력들의 놀이마당이 되고/되거나 개인의 사적인 이니셔티브와 관심에 맡겨진다.

셋째, 과거에는 개인이 실패하거나 불행해지면 공동체가 보호해 주는 국가 공인 장치가 있었으나 이제는 이런 장치가 점점 일관되게 줄어들고 있다. 그 결과 한때 사람들의 마음을 잡아끌던 집단행동의 매력은 상당 부분 사라지고 있으며, 사회적 유대가 기반하고 있는 토대 역시 약화되고 있다. 국가의 주권이 미치는 영역에 사는 주민들의 총체를 가리키던 '공동체'라는 말은 이제는 점점 공허하게 들린다. 한때 사람들 간의 유대는, 많은 시간과 노력을 지속적으로 투자할 가치도 있고 눈앞의 개인적 이해관계(혹은 개인적 이해관계와 연관된 것으로 보일 수 있는 것)를 희생할 만한 가치도 있는 안전망을 형성하고 있었지만, 이제는 이런 유대도 점점 약해져 덧없는 것으로 간주된다. 사람들이 상품과 노동만 생각하는 시장의 변덕에 개인적으로 노출되는 상황은 통합 대신 분열을 부추기고 촉진한다. 경쟁하는 태도가 장려되는 한편, 협력과 팀워크는 쓸모 없게 되는 순간 폐기해야 하는 일시적인 책략의 수준으로 격하된다. '사회'는 점점 (하나의 견고한 '총체'는 고사하고) '구조'라기보다는 하나의 '네트워크' ─ 즉, 연속성이 있는 것과 없는 것이 아무렇게 나 뒤섞여 본질상 무한정 다시 짜맞출 수 있는 매트릭스 ─ 로 인 식되고 또 그런 것으로 취급된다.

넷째, 장기적인 안목으로 생각하고 계획하며 행동하던 유형이 무너지고 오랫동안 이런 유형을 유지해 주던 틀인 사회구조들도 사라지거나 약해진다. 그 결과 정치적 역사나 개인적 삶이 모두 무 수한 단기 프로젝트나 일화로 분할되어 (미리 정해져 있는 어떤 연속적 인 질서를 암시하는) '발전'이나 '성장', '경력', '진보' 등의 개념이 유의 미하게 적용될 수 있는 일련의 순차적인 관계로 결합되지 못한다. 이처럼 파편화된 삶은 '종적인' 사고방식vertical orientation 보다는 '횡적 인' 사고방식lateral orientation을 조장한다. 사람들은 이제 각각의 단계 를 넘어갈 때마다 다른 기회와 상이한 확률분포에 반응해야 하며, 그럴 때마다 다른 기술을 사용하고 자산을 새롭게 배치해야 한다. 과거의 성공이 미래의 성공을 보장하기는커녕 개연성도 증가시키 지 못한다. 과거에 성공적으로 검증이 끝난 수단이라도 끊임없이 점검하고 개선해야 한다. 상황이 달라진 이상 쓸모가 없거나 역효 과를 낼 수 있기 때문이다. 미래의 성공에 중요한 것은 과거의 움직임을 기억하거나 이전의 학습을 통해 마련된 토대를 기반으로 전략을 세우는 것이 아니다. 그보다는 시대에 뒤떨어진 정보와 경직된 낡은 습관을 신속하게 그리고 철저히 잊는 것이 중요하다.

다섯째, 끊임없이 순식간에 변화하는 상황 속에서 당혹스러운 일들을 해결해야 하는 책임을 이제 개인이 떠맡게 된다. 오늘날 개인은 '선택하는 자유인'이 되어 자신의 선택에 따르는 결과를 책임져야 한다. 모든 선택에 포함되어 있는 위험부담들은 개인의 이해력과 행위 능력을 넘어선 힘들로 인한 것이지만, 그 대가를 치루는 것은 개인의 몫이자 의무이다. 왜냐하면 제대로 익혀 의무적으로 따르면 실수를 피하게 해주거나 설혹 실패하더라도 비난의 화살을 돌릴 대상이 되는, 권위 있는 공인된 처방이 없기 때문이다. 개인의 이해관계에 가장 도움이 된다고 선언되는 덕목은 규칙(여하튼 극히 드물고 종종 서로 모순적인)에 순응하는[동조하는] 태도conformity가 아니라 그런 규칙에 유연하게 대처하는 능력flexibility이다. 이는 책략과 스타일을 재빨리 바꾸고, 아무런 거리낌 없이 헌신과 충성을 헌신짝 버리듯 내팽개치며, 이미 확립되어 있는 자기 취향을 따르기보다는 상황에 따라 기회를 노릴 준비가 되어 있어야 한다는 뜻이다.

지금은 이런 변화들로 인해 사람들이 삶에서 부딪치게 되고 따라서 삶의 방식에 영향을 주는 도전의 범위가 어떻게 달라지는지 물어야 할 시점이다. 이 책에서 시도하는 것은 바로 이런 것이다. 질문은 던지지만 명쾌한 답변은커녕 답변을 제시하려는 시도조차 하지 않을 것이다. 이 책의 저자인 나는 모든 답변이 독단적이고, 시기상조이며, 사람들을 호도할 여지가 있다고 믿기 때문이다. 요컨대, 앞에서 말한 변화들로 인해 사람들은 불확실성이 만연한 상황에서 예상 손익을 계산하고 결과를 평가하면서 계획적으로 행동해야 하는 사회 분위기가 형성되었다. 이런 불확실성의 원인을 탐구하는 일, 그리고 그 원인을 파악하지 못하도록 방해하고, 그런 장애물들을 통제하려 할 때면 필연적으로 나타나는 도전에 (개별적으로 그리고 무엇보다도 집단적으로) 대처할 우리의 능력을 가로막는 걸림돌을 드러내는 일, 이것이 내가 이제껏 노력해 왔고 또 할 자격이 있다고 생각하는 일로 내가 할 수 있는 최선이 될 것이다.

# 유동하는 근대의 삶과 그 공포

'평화를 원하면 정의를 소중히 하라!' 고대의 경구는 이렇게 단언한다. 지혜는 지식과 달라서 세월의 영향을 받지 않는다. 정의가 없어서 평화의 길이 막히는 것은 지금이나 2천 년 전이나 똑같다. 바뀐 것은, 고대와는 달리 이제는 '정의'가 지구적인 사안이 되어 전지구적 차원의 비교를 통해 가늠되고 평가된다는 점뿐이다. 이렇게 달라진 데에는 두 가지 이유가 있다.

첫째, 곳곳에 '정보 고속도로'가 거미줄처럼 깔려 있는 이 세상에서는 어디서 무엇이 일어나든, 실제로 혹은 최소한 잠재적으로라도, 지식의 '바깥 영역'에 머물 수 없다. 심상 지도mental map에는 알 수 없는 땅이나 민족들은 고사하고 미지의 어둠에 묻힌 장소terra nulla도 존재하지 않는다. 멀리 떨어져 낯선 삶의 방식을 지닌 곳의 풍요로움은 물론이고 다른 지역의 불행도 전자 영상으로 생생하게 전해져서 보는 사람들로 하여금 수치심을 느끼게 하거나 마음 아프게 한다. 먼 곳의 풍요나 불행도 집 근처 도시에서 늘 부딪치는 과시적 풍요나 고통만큼 생생하다. 정의의 모델은 불의不義의 일들을 재료로 해서 만들어지는데, 불의의 일들은 가까운 이웃에게만 일어나는 것이 아니라, 옆집의 이웃사촌들이나 가까운 사회계층의 동료들과 비교할 때 드러나는 '상대적 박탈감'이나 '임금 차별'로부터 나온다.

둘째, 지금처럼 자본과 상품이 자유롭게 유통되는 열린 세상에서는 어디서 무슨 일이 일어나든 다른 곳에 사는 사람들의 삶의 방식이나 희망, 기대에 영향을 미친다. 물질적으로 '바깥 영역'에 머문다고 확신할 만한 것은 아무것도 없다. 다른 것에 영향을 주지도 않고 받지도 않으면서 정말 고립되어 있는 것도 없고 그런 고립 상태로 오래 남아 있는 것도 없다. 한 지역의 복지는 어떻게든 다른 곳의 불행과 연결된다. 밀란 쿤데라Milan Kundera의 간결한 요약을 빌리면, 지구화를 통해 실현된 것 같은 "인류의 통합"은 주로 "도피할 곳이 없다"는 것을 의미한다.

자크 아탈리Jacques Attali가 『인간적인 길』La Voie humaine에서 지적한 것처럼, 세계 무역의 절반과 전지구적 투자의 반 이상에서 나오는 이익을 누리는 것은 세계 인구의 14퍼센트에 지나지 않는 22개 국가다. 반면에 세계 인구의 11퍼센트가 사는 가장 가난한 49개 국가가 나누어 받는 몫은 전지구적 생산에서 겨우 0.5퍼센트에 지나지 않는데, 이는 세상에서 가장 부유한 세 사람의 소득을 합한 것과 거의 같다. 전 세계 부의 90퍼센트는 세계 인구의 1퍼센트가 갖고 있다. 그러나 전지구적인 소득 양극화의 물결을 막아 주는 방파제는 보이지 않으며 불길하게도 파도는 더욱 거세지고 있다.

경계를 뚫고 해체하려는 압력들, 이른바 '지구화'globalization는 임무를 완수했다. 소수의 예외가 있으나 이조차 빠르게 사라지고 있으므로 이제 모든 사회는 물질적으로든 지적으로든 정말 활짝 열려 있다. 이 두 가지 종류의 '개방성' — 물질적 개방과 지적 개방 — 을 결합해 보자. 그러면 상처받은 사람들이나 상대적 박탈감을 느끼는 사람들, 짐짓 아무렇지도 않은 척하는 사람들이 왜 불의를 당했다는 모욕감 — 온통 뭔가가 잘못되었다는 감정, 잘못된 것을 바로잡아야 한다는 아우성, 그리고 무엇보다도 피해자들이 자신들이 당한 해악을 앙갚음할 수 있도록 도와주어야 한다는 감정 — 으로 가득 차 있는지 알 수 있을 것이다.

열린 사회의 '개방성'은 열린 사회라는 말을 만든 칼 포퍼Karl Popper 본인도 생각하지 못한 새로운 해석을 얻었다. 과거에 열린 사회는 자체의 불완전함을 솔직하게 인정하고, 이미 알고 있는 것은 물론이고, 아직 직관적으로 파악도 하지 못한 그 자신의 다양한 가능성에 주목하는 사회를 의미했다. 하지만 이제는 전과는 달리 자신의 여정을 확고하게 결정할 능력이 없고, 일단 선택해도 그 여정을 지킬 능력이 없는 무력한 사회를 뜻하기도 한다. '개방성'이라는 속성은 한때는 스트레스가 따르기는 하지만 용감한 자기주장이 낳은 연약하나마 소중한 산물이었다. 그러나 오늘날 이 속성은 주로 저항할 수 없는 운명을 연상케 한다. '부정적 지구화', 즉 무역과 자본, 감시와 정보, 폭력과 무기, 범죄와 테러 등(이 모든 것은 영유권의 원리를 경멸하고 국경을 무시한다는 점에서 일치한다)의 선별적 지구화가 낳은, 계획에도 없었고 예상치도 못한 부작용들을 동반하는 운명 말이다. '열린' 사회란 '운명'의 횡포에 무방비로 노출된 사회인 것이다.

'열린 사회' 개념이 본래는 개방성을 소중하게 여기는 자유로운 사회의 자기 결정을 의미했다면, 이제는 대체로 사회가 통제하지도 못하고 제대로 이해하지도 못하는 힘들에 압도된, 타율적이고 불운하며 연약한 사람들이 겪는 끔찍한 경험들을 연상하게 한다. 열린 사회의 주민은 스스로를 방어할 수 없는 상황에서 오는 공포에 질려 사회의 경계가 튼튼한지, 그 안에 사는 개인이 안전한지 등에 대한 강박관념에 사로잡혀 있다. 그러나 그 뚫리지 않는 경계와 그 경계 안에서도 안전은 확보할 수 없으며, 세상이 부정적으로만 지구화되는 한 계속 그럴 것 같다. 부정적으로 지구화된 세상에서는 단지 어느 한 나라나 일군의 선택받은 국가들 안에서도 안전할 수 없으며, 더구나 이를 보장하는 것은 더욱 불가능하다. 자기가 가진 수단만으로 나머지 세상에서 일어나는 일과 무관하게 안전을 유지하거나 보장하는 것은 가능하지 않은 것이다.

그런 방법으로는 항구적인 평화의 예비 조건인 정의를 보장할수 없을뿐더러 이룰 수조차 없다. 부정적 지구화가 강요하는 사회의 왜곡된 '개방성' 자체가 불의의 주요 원인이며, 따라서 간접적으로는 갈등과 폭력의 주된 원인이기도 하다. 아룬다티 로이Arundhati Roy의 말처럼, "엘리트들이 세계 정상의 어딘가에서 자신들이 상상한 목적지를 향해 여행을 떠날 때, 가난한 사람들은 범죄와 혼란의 소용돌이에 휘말린다."[3] 미국 정부가 세계은행World Bank과 국제통화기금International Monetary Fund, 세계무역기구World Trade Organization 등의 '국제기관'으로 위장한 다양한 위성 기구들과 함께 취한 조치들은 "국수주의와 종교적 광신주의, 파시즘, 그리고 무엇보다 테러리즘이라는 위험한 부산물을 낳았으며, 이는 자유주의적 지구화와 병행해 이루어졌다."

'국경 없는 시장'은 불의와 새로운 세계적 혼란을 낳고 있다. 이런 혼란 속에서 클라우제비츠Carl von Clausewitz의 유명한 정식["전쟁은 다른 수단에 의한 정치의 연속에 불과하다"]은 전도되어, 이제는 정치가 다른 수단에 의한 전쟁의 연속이 되었다. 전지구적인 무법 상태를 낳고 있는 규제 철폐와 무장 폭력은 서로를 충족시켜 주며 강화하고 활력을 불어넣는다. 또 다른 고대의 경구처럼, 무기가 말을 하면 법은 침묵한다.

이라크 파병 전에 도널드 럼스펠드Donald Rumsfeld는 이렇게 선언했다. "미국인들이 다시 안전하다고 느낄 때, 그때 전쟁은 승리한 것이다."[4] 조지 부시George W. Bush도 그 후로 날마다 이 말을 되풀이했다. 그러나 미군의 이라크 파병은 미국과 여타 지역에서 불안insecurity의 공포를 새로운 단계로 끌어올렸으며 지금도 이는 계속되고 있다.

예상대로, 전쟁의 부수적인 사상자는 안전하다는 느낌만이 아니었다. 개인의 자유와 민주주의도 곧 똑같은 운명에 놓였다. 알렉산더 해밀턴Alexander Hamilton의 예언적인 경고를 인용하면,

> 전쟁이 일어나면 생명과 재산이 극심하게 파괴되기 마련이며, 위험 상태가 계속되면서 긴장과 공포 속에서 지내게 된다. 그러므로 아무리 자유를 소중하게 여기는 국가라도 휴식과 안전을 위해, 시민적·정치적 권리를 파괴하는 제도에 의지할 수밖에 없다. 안전할 수 있다면 자유가 줄어드는 위험도 기꺼이 감수한다.[5]

이 예언은 오늘날 현실이 되고 있다.

일단 인간 세상에 들어오면 공포는 자체의 추진력과 전개 논리를 갖게 되어 관심과 투자가 없어도 계속 성장하고 확산된다. 데이비드 알타이드David Altheide의 말을 빌리면, 가장 중요한 것은 위험에 대한 공포가 아니라 그 공포가 증폭되어 나타나는 결과다.[6] 사람들이 담장 안에서 생활하고, 경호원을 고용하고, 장갑 차량을 타고 다니고, 최루 신경가스와 권총을 휴대하고, 호신술을 익히면 사회생활은 변하기 마련이다. 문제는 이런 활동들이 우리의 행동이 지

양하는 무질서에 대한 의식을 재차 확인시켜 주며, 그 의식을 만들어 내는 데 일조한다는 점이다.

공포는 방어적인 행동을 유발한다. 일단 방어적인 행동을 취하면 그 행동은 즉각 공포를 유발하고 현실화한다. 암울한 예감을 일상 현실로 바꾸어 놓는 것은 바로 우리의 반응이다. 이제 공포는 사람들의 내면에 자리를 잡고 있으며 틀에 박힌 일상 속에 스며 있다. 이제는 더 이상 외부의 자극이 필요하지 않다. 공포가 일상에서 유발하는 행동이, 공포를 재생산하는 데 필요한 동기와 에너지를 모두 공급해 주기 때문이다. 영구운동기관perpetuum mobile이라는 이상적인 모델에 가까워지려고 서로 경쟁하는 메커니즘 중에서 그 모델에 가장 가까운 것은, 공포와 그로 인해 유발된 행동들이 뒤얽혀 스스로를 재생산하는 메커니즘이다.

우리가 느끼는 공포는 마치 자기 영속적이고도 자기 강화적인 것이 되어 버린 것 같다. 마치 스스로 원동력을 얻어 자체의 자원만으로도 계속 성장할 수 있는 것처럼 보이는 것이다. 물론 이런 외견상의 자기 충족성은, 자체의 힘으로 움직이고 스스로 동력을 공급하는 영구운동기관이라는 기적을 표방하는 다른 많은 메커니즘의 경우처럼, 환상일 뿐이다. 만일 실존적 전율로부터 계속 에너지를 얻지 못하면 공포와 그로 인해 유발되는 행동은 부드럽게, 그리고 빠르게 순환하지 못할 것이 분명하다.

이런 전율의 존재는 사실 새로운 일이 아니다. 실존적 동요는 역사 전반에 걸쳐 늘 인간과 함께 있었다. 인간이 삶을 추구하는 사회적 터전들 가운데 그 어떤 것도 '운명'(이렇게 '운명'이라고 한 것은 사람들이 피할 능력이 있는 역경과 횡포를 구분하고, 이런 횡포 자체의 특성보다는 그 횡포를 막거나 길들이기는커녕 예측할 수도 없는 인간의 무능함을 전달하기 위해서다)의 횡포에 맞서 실패할 염려가 없는 보호 수단을 확실하게 보장한 적이 없기 때문이다. 정의상, '운명'은 아무런 경고도 없이 갑자기 들이닥치며, 그 횡포를 피하기 위해 피해자들이 하거나 하지 말아야 할 것에는 관심이 없다. '운명'은 인간의 무지와 무력함을 나타내며, 운명이 무섭고 두려운 힘을 갖는 것은 바로 피해자가 그토록 연약한 존재이기 때문이다. 게다가 『헤지호그 리뷰』*Hedgehog Review*의 편집자들이 공포 특집 서문에 쓴 것처럼, 인간은 "실존적으로 안락하지 못한 상황에서는" "안전이나 그것을 과시하는 데"7 안주하려는 경향이 있다.

우리 삶의 전망의 기반이 되는 것으로 추정되는 토대는 분명히 허약하다(우리의 직업과 그 일자리를 제공하는 회사, 인맥 및 우리의 동반자들, 넓은 사회에서의 우리의 입지, 그리고 이에 따르는 자존감 및 자신감도 마찬가지다). '진보'는 한때 철저한 낙관주의의 가장 극단적인 표현이자 보편적이고도 지속적인 행복에 대한 약속이었지만, 기대와는 달리 디스토피아적*dystopian*이고 운명론적인 반대의 극단으로 치달았다. 이제 진보는 무자비하고 피할 수 없는 변화의 위협을 의미하며, 따라서 평화와 안식이 아니라 지속적인 위기와 긴장을 예고

함으로써 단 한순간의 휴식도 허용하지 않는다. 진보는 끝도 없고 중단되는 일도 없는 자리다툼 게임으로 변질되었는데, 이 게임에서는 잠시라도 한눈을 팔면 돌이킬 수 없을 정도로 패배해 결정적으로 도태되고 만다. '진보'는 큰 기대치와 달콤한 꿈 대신에 '뒤처지게 되어 버림받는' ─ 기차를 놓치거나 빨리 달리는 차창 밖으로 떨어지는 ─ 악몽으로 가득 찬 불면증을 유발한다.

우리는 놀라운 속도로 이루어지는 변화의 방향을 예측해 통제하는 것은 고사하고 속도를 늦출 능력도 없기 때문에, 자기가 영향을 줄 수 있는 일 혹은 그럴 수 있다고 믿거나 확신하는 일에 초점을 맞춘다. 우리는 불투명한 세상과 불확실한 미래가 우리를 위해 마련해 놓은, 세어 본 적도 없고 셀 수도 없는 무수한 위험에 우리들 자신(혹은 가장 가깝거나 소중한 사람들)이 희생될 위험을 계산해서 이를 최대한 줄이려고 노력한다. 우리는 '암의 일곱 가지 증세', '우울증의 다섯 가지 증상'을 찾아내거나 고혈압, 높은 콜레스테롤 수치, 스트레스, 비만 등의 원인을 없애는 데 몰두한다. 다시 말하면, 자연스러운 배출구가 없어 남아도는 실존적인 공포를 덜어 줄 대리 표적을 찾고자 한다. 그래서 임시변통으로 누군가 피운 담배 연기를 들이마시는 일, ('이로운' 박테리아가 포함되어 있다고 보증하는 음료를 게걸스럽게 마시면서도) 기름진 음식이나 '해로운' 박테리아를 섭취하는 일, 안전하지 못한 성관계나 태양에 노출되는 경우를 조심스럽게 예방하는 일 등을 표적으로 삼는다. 우리들 중에서 경제적인 능력이 있는 사람들은 보이거나 보이지 않는, 눈앞에 존재하거나 그럴 것이라고 예상되는, 알려지거나 알려지지 않은, 도처에 만연되어 있는 온갖 위험에 대비해 담장 뒤로 몸을 숨긴다. 주거지를 감시 카메라로 도배하고, 무장 경호원을 고용하고, 장갑 차량(악명 높은 SUV 등)을 타고 다니며, 방어 장비('구두창이 두꺼운 단화' 등)를 착용하거나 호신술을 배움으로써 자신을 요새로 만든다. 알타이드의 말을 한 번 더 인용하면, "문제는 그런 활동들이 우리의 행동이 지양하는 무질서에 대한 의식을 재차 확인시켜 주며, 그 의식을 만들어 내는 데 일조한다는 점이다." 외국인의 모습을 한 범죄자들이 외투 안에 단검을 가득 차고 다닌다는 뜬소문을 듣고 출입문에 자물쇠를 하나 더 달 때마다 그리고 '음식물에 대한 공포' 때문에 식단이 바뀔 때마다 세상은 점점 더 믿을 수 없고 두려운 곳이 되어 점점 더 방어적인 행동을 취하게 된다 — 그리고 이런 상황은 슬프게도 공포가 스스로 증식하는 능력에 활력을 더해 줄 것이다.

사업가들은 불안과 공포를 이용해 많은 자본을 끌어모을 수 있고 또 실제로 그렇게 하고 있다. 스티븐 그레이엄Stephen Graham에 따르면, "광고주들은 큰 돈벌이가 되는 SUV의 판매를 늘리기 위해 끔찍한 테러에 대한 만연된 공포를 의도적으로 이용해 왔다."[8] '스포츠 유틸리티 차량sports utility vehicles이라는 대단히 잘못된 이름의 이 군용 괴물은 연료 소모가 많은데도 미국에서 이미 전체 차량 판매의 45퍼센트까지 차지하면서 '방어 장비'로서 도시의 일상

적인 삶에 확고히 자리를 잡았다. SUV는

사람들이 보통 차를 몰고 들어가는 빗장 공동체<sup>gated communities</sup>와 마찬가지로, 위험하고 예측 불가능한 도시 생활 외부의 영향을 받지 않는다고 광고된다. …… 이 차는 중산층 도시인들이 '고향'인 도시에서 이동할 때 — 혹은 도로에 늘어서서 기다릴 때 — 느끼는 공포를 덜어 주는 것 같다.

공포라는 자본은, 온갖 투자처로 뛰어들 준비가 되어 있는 유동자산처럼, (사업에서든 정치에서든) 이윤만 있으면 어디든 파고들 수 있고 또 실제로도 그러고 있다. 그러므로 모든 종류의 마케팅 전략에서 주요한 그리고 어쩌면 유일한 강조점은 바로 개인의 안전이다. 점점 더 개인의(더 정확하게 말하면, 육체적인) 안전에 대한 약속으로 환원되어 가는 '법과 질서'는, 정치적 선언과 선거운동에서 주요한 그리고 십중팔구 유일한 강조점이 되었다. 그런가 하면 대중매체는 개인의 안전을 위협하는 것들을 보여 주는 일을 시청률 전쟁의 주요한 그리고 어쩌면 유일한 항목으로 삼았으며, 이를 통해 공포라는 자본을 끊임없이 공급해 공포가 마케팅과 정치 모두에서 더 큰 성공을 거두게 만들었다. 레이 서렛<sup>Ray Surette</sup>의 말처럼, 텔레비전에 비친 세상은 "양을 지키는 개-경찰"이 "양떼-시민"을 "늑대-범죄자"[9]로부터 보호하는 모습과 닮아 있다.

오늘날 나타나고 있는 공포의 특징은, 그 이전까지 모든 이들에게 친숙했던 공포와는 달리, 공포가 유발한 행동들과 그 공포를 유발한 실존적 전율이 분리되어 있다는 점이다. 다시 말해, 공포는 인간이 살아가는 실존적 조건의 갈라진 금과 틈새(바로 여기서 '운명'이 부화해 성장한다)로부터 불안anxiety의 진정한 근원과는 대체로 무관한 삶의 영역들로 전치되었다. 이런 영역들에서는 제아무리 많은 노력을 들이더라도 공포의 근원을 불식시키거나 차단할 수 있을 것 같지 않다. 그러므로 그 노력이 아무리 진지하고 창의적이어도 불안을 달래는 데는 무력한 것으로 드러난다. 공포와 그것이 유발한 행동들의 악순환이 조금도 추진력을 잃지 않고 — 그러나 표면상의 목적에는 조금도 가까워지지 못하고 — 계속 이어지는 것도 바로 그 때문이다.

앞에서 함축된 바를 분명하게 밝히자면, 문제의 악순환이 안보security● 영역(즉, 자기 신뢰와 자기 확신의 영역 혹은 그런 것들이 부재하는 영역)에서 안전safety 영역(즉, 개인과 그 연장선상에 있는 것들에 대한 위

---

● security는 어원상, 걱정(cure) 없음(se)에서 온 단어로, 객관적인 의미에서는 획득된 가치에 대한 위협이 부재한 상태, 주관적인 의미에서는 그런 가치가 공격받을 두려움이 없는 상태이다. 이 맥락에서 security는 안전에 대한 자기 확신이 있는 공간 및 상태를 의미하며, 안전이 보장된 상태라는 의미에서 '안보'라 옮겼다. 다만 이 책에서 바우만이 이를 엄밀히 구분하지 않고 사용하고 있어 가독성을 고려해 문맥에 따라 '안전'을 혼용했다.

협으로부터 벗어나 있는 영역 혹은 그런 위협에 노출되어 있는 영역)으로 전치·이전되었다는 것이다.

첫 번째 영역은 국가가 공인하고 지원하는 제도적 보호 장치가 점점 해체되면서 시장의 변덕에 노출되었다. 다시 말해 이 영역은 정치적 통제에서 벗어나 있기 때문에, 그로부터 영향을 받는 사람들이 효과적으로 저항하기는커녕 적절하게 대응할 수도 없는 전 지구적 세력들의 놀이터로 변해 버렸다. 개인적인 불행에 대비해 공동체가 보증한 사회보장 정책들은 지난 세기를 거치면서 사회('복지')국가라는 집합적인 이름으로 알려졌으나 지금은 완전히 철회되거나 부분적으로 축소되어 행위자들의 자기 신뢰와 안보감 sentiment of security을 뒷받침해 주고 유지해 줄 수 있는 수준 이하로 떨어지고 있다. 기존의 제도 중에 본래의 약속을 구현하고 있는 것이 남아 있더라도 계속 축소되어 가고 있는 현실에서는, 그런 제도 자체가 계속 존속할 것이라고 확신할 수 없을 뿐더러 희망조차 안겨 줄 수 없다.

실존적 전율을 막아 주려고 국가가 만들어 관리하던 방어 장치들은 점점 해체되고, 단체 협상을 책임지던 노동조합과 그 밖의 장치들 같은 집단적 자기방어 장치도 약자들의 결속력을 약화시키는 시장 경쟁의 압력 때문에 점점 약화되었다. 그 결과 사회가 만들어 낸 골치 아픈 문제에 대해 개인적 해결책을 모색하고, 찾아내고, 실천해야 하는 일도, 그리고 그 과업에 턱없이 부적합한 도구와 자원에도 불구하고 개인적 행동이나 연대 행동을 통해 할 수 있는 한 모든 것을 시도해야 하는 것도 이제 개인의 몫이 되었다.

정치권력의 현장에서 들려오는 메시지들은, 자원이 많은 사람에게든 운이 없는 사람에게든, '더 큰 유연성'을 이미 참을 수 없을 정도로 불안해진 현실을 해결할 유일한 치유책으로 제시한다 ─ 그리고는 앞으로 훨씬 더 불확실하며, 골치 아픈 문제들을 좀 더 개인적인 문제로 다뤄야 하고, 외로움과 무기력함이 더 커져서 정말로 더 불확실한 미래가 펼쳐지게 될 전망을 미화한다. 그들은 집단적인 토대에 뿌리를 둔 실존적 안보가 발붙일 가능성을 미리 차단하면서, 결속력 있는 행동을 취할 유인책은 전혀 제시하지 않는다. 대신에 청중들에게, '각자 알아서, 빠른 자가 승자다!'라는 식으로 개인의 생존에 초점을 맞추라고 독려한다 ─ 돌이킬 수 없을 만큼 단편화되고 원자화되어 앞으로 점점 더욱 불확실해지고 예측할 수 없게 될 세상에서는 그렇게 하라는 것이다.

국가가 지난 세기에 자신의 정당성을 정초하기 위해 수행했던 기능들을 더는 수행하지 않게 되면서, 정당성 문제가 다시 중요한 사안으로 등장했다. 이제 새로운 시민(권) 합의citizenship consensus(위르겐 하버마스Jürgen Habermas의 용어를 빌리면, 헌정 애국주의constitutional patriotism●)

● 본래 돌프 슈테른베르거(Dolf Sternberger)가 만든 말로, 하버마스가 이를 개념화했다. 애국심의 근거를 문화적 공동 유산에서 찾지 않고 국가의 정치체제를 규정하

는 얼마 전만 해도 통용된 방식으로는, 즉 (사회적으로 안정되어 있는 것들을 사정없이 파괴하고 사회적 명예와 개인적 존엄성에 관한 권리들을 약화시키는 것으로 악명 높은) 시장의 변덕을 헌법적 보호를 통해 막아 주겠다는 보장을 통해서는 형성될 수 없다. 현재 가장 일반적 형태의 국민국가에서는 정치조직political body의 통합성integrity이 문제가 되고 있으며, 따라서 대안적 정당성이 절실하게 요구되고 모색되고 있다.

앞에서 논의한 내용으로 미루어 보면, 오늘날 국가 권위를 대안적인 방식으로 정당화하고 순종적인 시민에게 제공되는 혜택을 정치적으로 표현하는 방식이, 현재 개인의 안전을 위협하는 위험으로부터 시민을 보호하겠다는 국가적 약속의 형태로 모색되는 것은 놀라운 일이 아니다. 사회국가social state에서는 시민들을 사회적 지위의 하락이라는 공포[유령]spectre로부터 책임지고 보호해 주겠다고 맹세했던 것과 달리, '개인 안전 국가'personal safety state의 정치적 정식에서는 그 공포가 어린이를 성애性愛의 대상으로 삼으며 도피 행각을 벌이는 소아 성애자, 연쇄 살인범, 적선을 강요하는 거지,

는 헌법의 기본 이념에 대한 국민적 합의와 충성에서 찾는다.

노상강도, 스토커, 독극물 살포자, 테러리스트 등의 위협으로 대체되고 있다. 최신의 근대 국가는 그런 모든 위협들을 불법 체류자라는 인물로 한데 뭉쳐 그로부터 지켜 주겠다고 약속한다.

2004년 10월 영국의 BBC2 채널에서는 〈악몽과 같은 권력 : 공포정치의 부상〉 *The Power of Nightmares; The Rise of the Politics of Fear*[10]이라는 제목으로 다큐멘터리 시리즈를 방영했다. 영국에서 진지한 텔레비전 프로그램을 제작하는 것으로 유명한, 이 시리즈의 집필자 겸 프로듀서인 애덤 커티스^Adam Curtis의 지적에 의하면, 전지구적 테러리즘은 황폐한 지구의 "분쟁 지역"no man's land of global wilderness 내부에서 끊임없이 재생산되고 있는 너무나 현실적인 위험임이 분명하다. 그러나 공식적으로 인정되는 위협들 가운데 대부분은 아니더라도 상당수는 "정치인들이 과장하거나 왜곡한 환상이다. 전 세계 정부와 경비업체, 국제적 대중매체들을 통해 아무런 의심도 받지 않고 유포된 암울한 환각"이다. 이런 환각이 빠르게 퍼져 엄청난 위력을 갖게 된 이유를 추적하는 것은 어렵지 않다. "모든 거대 사상들이 신뢰성을 잃은 시대에 정치인들이 권력을 유지하기 위해 이용할 수 있는 도구는 괴물 같은 적에 대한 공포를 퍼트리는 것뿐이다."

국가권력이 개인 안전 국가를 정당화하기 시작했음은 9·11사건이 발생하기 이전에도 이미 많은 징조를 통해 알 수 있는 일이었다. 하지만 뉴스가 충분히 이해되고 뇌리에 깊이 박히기 위해서는—그리고 정치인들이 대중의 실존적 불안을 정치적으로 새롭게 재활용하기 위해서는, 사람들이 맨해튼의 건물이 무너지는 충격을 몇 달이고 계속해서 느린 화면으로 수백만 대의 텔레비전 화면을 통해 다시 느낄 필요가 있었다. 프랑스의 자크 시라크Jacques Chirac와 리오넬 조스팽Lionel Jospin의 대통령 선거전은 두 정치 지도자가 범죄와의 전쟁에서 서로 훨씬 더 강력한 조치를 취하겠다고 앞다퉈 약속하면서 공개 경매와도 같은 양상을 띠게 되었다. 그리고 이는 미성년 범죄자들이나 성인 범죄자들, 그리고 외국에서 와서 소외당하고 있는 '우리 안의 이방인들'에게 더 엄격하고 가혹한 법을 제정하고 이전보다 훨씬 더 지능적이고 기발한 형벌을 가하는 결과로 이어졌다. 미국 대통령 조지 부시가 경쟁자의 도전에 맞서 싸우며 '테러와의 전쟁'에서 강인함을 내세웠을 때나, 영국에서 유랑 집시들과 집 없는 이주자들이 위협적인 사회문제로 부각되고 노동시장 규제가 어렵게 되면서 실존적 불안이 확산되자 야당의 지도자가 이런 문제에 초점을 맞추며 '신노동당' 정부를 무너트리려고 했을 때나, 이들이 뿌린 공포의 씨앗들은 이미 잘 준비된 대지에 뿌려진 것이었다.

'안전 공황'safety panic이 극한에 이르고 범죄 증가에 대한 경고의 목소리가 최고조에 이르자 각국 정부들은 눈에 띄게 강력한 조치들을 취했고, 특히 교도소 수감자가 급증했다(위그 라그랑주Hugues Lagrange의 말을 빌리면, "사회국가가 교도소 국가로 대체"되었다). 이런 일이

1960년대 중반부터 사회적 서비스가 가장 덜 발달된 나라(스페인이나 포르투갈, 그리스 등)와 사회 급여가 철저하게 삭감되고 있던 나라(미국과 영국 같은)에서 벌어진 것은 (라그랑주에 따르면)[11] 단순한 우연의 일치가 아니었다. 2000년도까지 실시된 연구들 대부분이 '교도소 수감'과 '시장과 무관한 사회 급여' 및 '그 급여에 사용된 국내총생산GDP의 백분율' 사이에는 모종의 강한 부負의 상관관계가 있음을 보여 주었다. 하지만 형사 정책의 엄격성과 형사 범죄의 빈도 사이에 의미 있는 상관관계가 있음을 보여 주는 것은 없었다. 요컨대, 개인의 신체적 안전과 재산을 위협하는 위험들과 범죄에 새롭게 초점이 맞춰진 것은 '불안정한 분위기'와 밀접한 관계가 있다는 점과 경제 규제가 철폐되고 그에 따라 사회적 결속력이 개인의 자기 책임으로 대체되는 속도와 밀접한 관계가 있다는 점이 분명하게 밝혀졌다.

"공포를 야기하는 새로운 괴물은 존재하지 않는다. 공포라는 독이 퍼지고 있을 뿐이다." 애덤 커티스가 신체의 안전에 대한 관심이 높아지는 현상에 대해 논평하며 한 말이다. 공포가 존재할 뿐이다. 규제 철폐 현상이 깊이 뿌리 내리고 시민사회를 보호해 주던 요새들이 무너져 가면서 날마다 인간존재 속으로 공포가 스며들고 있다. 공포는 존재한다. 그러므로 많은 정치인에게는, 고갈된 정치 자본을 재건하기 위해, 결코 고갈되지 않는 것처럼 보이고 또 쉽게 재생산되는 공급원에 의지하는 것은 저항하기 힘든 유혹이다. 게다가 공포를 자본화하는 전략 역시 잘 확립되어 있다. 사실이 전통의 기원은 신자유주의자들이 사회국가를 공격하기 시작한 초기로 거슬러 올라갈 수 있다.

이런 유혹 — 가공할 만한 혜택들을 이끌어 낼 기회를 완전히 갖춘 — 에 굴복하는 일은 9·11사건이 일어나기 오래 전에 이미 충분한 예행연습과 검증을 거쳤다. 빅토르 그로토비츠Victor Grotowicz 는 "국가권력의 친구, 테러리스트"terrorist, friend of state power라는 정곡을 찌르는 적절한 제목의 연구에서,¹² 1970년대 후반 서독 정부가 적군파Red Army Faction의 불법 테러 행위들을 이용한 사례들을 분석했다. 그가 발견한 내용에 따르면, 1976년에는 서독 시민의 7퍼센트만이 개인의 안전을 중요한 정치적 사안으로 생각한 데 비해, 2년 후에는 상당수의 독일인들이 실업이나 인플레이션과의 싸움보다 개인의 안전을 훨씬 더 중요하게 생각했다. 이 2년 동안 서독인들은 텔레비전에서, 빠르게 팽창 중이던 경찰력과 정보기관의 위업을 다루는 영상을 지켜보았다. 아울러 테러리스트들과 벌이는 전면전에서 훨씬 더 강력한 조치를 취하겠다고 약속하며 점점 더 대담해져 가는 정치인들의 경매 입찰 소식도 들었다. 또한 그로토비츠가 발견한 내용에 의하면, 본래 개인의 자유를 강조하던 서독 헌법의 자유주의 정신이, 과거라면 큰 공분을 불러일으켰을 국가 권위주의로 슬며시 대체되었다. 그리고 헬무트 슈미트Helmut Schmidt 가 하원의 새로운 결의안이 헌법과 일치하는지 검증하지 않은 일에 대해 공개적으로 법조계에 감사를 표시하는 동안, 새로운 법안은 테러리스트들의 수중에서 놀아나면서 그들을 공적으로 가시화시키고, 자신들만의 힘으로는 꿈도 꾸지 못할 만큼 그들의 지명도를 간접적으로 높여 놓았다. 실제로, 연구자들의 일반적인 결론에 따르면, 특별 수사대의 난폭한 대응은 테러리스트의 명성만 엄청나게 높여 주는 결과를 낳았다. 우리는 여기서 이런 의심을 품어야 한다. 국가는 테러리스트의 위협을 뿌리 뽑겠다고 선언하며 단호히 무자비한 새 정책들을 내놓았지만, 사실상 그 속에는 다른 의도가 숨어 있던 것이 아닌가? 즉, 국가의 의도는 자신의 권위의 기반을, 국가가 효과적으로 통제할 수도 없고 그럴 의도도 없는 영역으로부터, 국가권력과 행동 결정력이 극적으로 발휘될 수 있고 거의 만장일치로 여론의 갈채를 받을 수 있는 영역으로 이전시키려는 데 있었으며, 새 정책들은 그런 의도의 들러리 역할을 했을 뿐 아닌가? 대테러 캠페인이 낳은 가장 분명한 결과는 공포가 빠른 속도로 사회 전체에 스며든 것이었다. 캠페인이 표적으로 선언한 테러리스트들은 그런 캠페인 덕분에, 민주주의와 인권 존중을 떠받치고 있는 가치들을 약화시키려는 자신들의 목표를 상상도 못할 정도로 달성했다. 여기서 우리는 다음과 같이 덧붙일 수 있을 것이다. 적군파가 독일인들의 삶에서 사라지면서 결국 와해된 것은, 경찰의 탄압이 가져온 결과가 아니라, 사회적 조건이 테러리스트의 세계관Weltanschauung과 실천이 더 이상 뿌리를 내릴 수 없을 정도로 변했기 때문이라는 점이다.

대체로 영국군의 대응 작전 덕분에 분명한 생명력을 유지하며 성장했던 북아일랜드의 테러리즘에 관한 슬픈 이야기에 대해서도 똑같이 이야기할 수 있을 것이다. 그곳의 테러가 완전히 사라진 원인은 영국군이 펼쳤거나 펼칠 수 있었던 작전 때문이라기보다는 '금속피로'metal fatigue● 비슷한 현상 때문일지도 모른다.

그 이후에도 바뀐 것은 별로 없었다. (마이클 미처Michael Meacher의 분석에 따르면) 최근의 경험이 보여 주는 것처럼 근대적 형태의 대테러 군사작전은 여전히 비효율적이며 너무나도 분명한 역효과를 낼 뿐이었다. "'테러와의 전쟁'에도 불구하고 지난 2년여 동안 …… 알 카에다al-Qaeda의 활동은 9·11사건 이전의 2년 동안보다 더 큰 효과를 냈던 것 같다."[13] 앞에서 인용한 애덤 커티스는 한걸음 더 나아가, 알카에다는 사실 "타락한 세상을 종교적 폭력을 통해 정화한다"는 모호한 사상에 불과했으며, 법률가들이 인위적으로 만들어 낸 가공물로서 비로소 그 생명을 얻기 시작했다. 즉, 알카에다는 "미국 정부가 범죄 조직의 결성을 전제로 하는 반마피아

---

● 비슷한 힘이 반복적으로 가해질 경우 금속의 강도가 크게 떨어지는 현상.

법을 이용해 오사마 빈 라덴Osama Bin-Laden을 궐석 기소하기로 결정한 2001년 초에야 비로소" 세상에 나올 수 있었다.

현대 테러의 성격으로 볼 때, '테러와의 전쟁'이라는 개념 자체가 귀에 거슬리는 형용모순이다. 근대적 무기들은 영토를 침입하고 정복하던 시대에 고안되고 개발되었다. 그러므로 탈영토적이고, 그 위치를 찾기 힘들며 대단히 기동력이 높은 표적들, 소분대들 또는 한 개인의 위치를 찾아내 공격하고 파괴하기에는 매우 부적합하다. 그들은 가벼운 차림으로 이동하며, 공격 지점에 도착하자마자 가능한 한 빨리 눈에 띄지 않게 사라져 버리며, 흔적을 거의 남기지 않기 때문이다. 군대가 사용하는 근대적 무기의 성격으로 볼 때 그런 테러 행위에 대한 대응책들은 도끼날로 면도를 하려는 것만큼이나 서툰 짓임에 틀림없다. 다시 말해, 테러로 피해를 입은 것보다 훨씬 더 넓은 지역에 피해를 입혀, 테러리스트들이 자신들의 무기로 입힐 수 있는 손상보다 더 큰 '부수적 사상자', 즉 '부수적 손상'을 입힘으로써 더 큰 테러를 가하게 만드는 어설픈 짓이라는 얘기다(테러리스트가 세계무역센터를 공격한 후에 선포된 '테러와의 전쟁'은 이미 그런 반응을 유발한 테러보다 훨씬 더 많은 '부수적 사상자'를 낳았다). 분명히 이런 상황은 테러리스트들이 의도한 것으로 그들이 지닌 힘의 주요 원천이며, 그 힘은 그들의 숫자와 무기가 지닌 힘을 훨씬 능가한다.

테러리스트는, 그들이 원수로 선언한 적들과는 달리, 자신들이 사용할 수 있는 제한된 자원에 얽매일 필요가 없다. 전략과 전술을 짤 때 그들은 '적'이 거의 확실하게 보일 예상 반응을 자산에 포함시킬 수 있는데, 그 반응은 그들 자신의 잔혹 행위가 의도했던 충격을 틀림없이 엄청나게 확대한다. 테러리스트의 목적이 적들 사이에 공포를 확산하는 것이라면, 적의 군대와 경찰은 테러리스트들이 자신들의 역량을 최대한 발휘해 이룰 수 있는 결과를 훨씬 능가할 정도로 목적이 달성되도록 해줄 것이다.

사실, 우리는 마이클 미처의 말을 되풀이할 수밖에 없다. 대체로, 그리고 9·11사건 이후에는 아주 확실하게, 우리는 "빈 라덴이 벌인 게임에 장단을 맞추고" 있는 것 같다. 이런 정책은 미처의 주장대로 치명적인 결함을 가지고 있다. 나는 이렇게 덧붙이겠다. 빈 라덴이 벌인 게임에 놀아나는 것은 훨씬 더 용서하기 힘들다고 말이다. 그렇게 놀아나는 행태는 골치 아픈 테러리스트를 뿌리 뽑으려는 의도 덕분에 공공연하게 합리화되고 있지만, 그 의도가 고취시키고 정당화하려는 논리와는 완전히 다른 논리를 따르는 것처럼 보이기 때문이다.

미처는 다음과 같은 이유로 '테러와의 전쟁'을 수행한 정부들을 비난한다.

그들은 증오심의 이면에 놓여 있는 것을 숙고하려 하지 않고 있다. 즉, 왜 수많은 젊은이가 자신을 기꺼이 산화시키려고 하는지, 왜 고등교육을 받은 19명의 젊은이가 9·11사건 당시 자기 자신들과 수천 명의 다른 사람들을 기꺼이 파멸시켰는지, 왜 [이라크에서는] 폭도로 몰려 죽음을 당할지도 모르는데도 저항이 거세지는지, 그 이유를 숙고해야 한다.

하지만 각국의 정부들은 이런 종류의 생각에 잠기는 대신에, 그저 행동한다(그리고 그런 정부들 가운데 몇몇, 특히 미국은 똑같은 방식을 고수하려 하고 있으며, 이는 "유엔은 존재하지 않는다"는 말로 유명한 존 볼튼John R. Bolton을 유엔에 미국 대표로 파견한 데서도 분명히 나타났다). 모리스 드뤼옹Maurice Druon의 지적처럼, "미국 정부는 이라크와 전쟁을 시작하기 전에는 겨우 네 명의 정보원만을 보유하고 있었는데 그나마 모두 이중간첩이었다."¹⁴ 미국은 "미군이 포옹과 꽃다발을 받으며 해방군으로 환영받을 것"이라는 확신을 갖고 전쟁을 시작했다. 그러나 미처의 말을 한 번 더 인용하면, "1년 동안 중요한 공공서비스를 제공하지 못하고 치솟는 실업률과 미군의 무분별한 고압적 태도 때문에 민간인이 1만 명 이상 사망하고 2만 명이 다쳤으며 이라크군의 피해는 훨씬 더 커지는 등 사태가 악화되었다." 우리는 다음과 같은 결론을 내릴 수밖에 없다. 즉, 행동이 따르지 않는 생각은 분명히 무력하지만 생각이 없는 행동은 효력이 없다. 그리고 그런 행동은 도덕적 부패와 인간적 고통을 엄청나게 증가시킬 수밖에 없다.

테러리스트 진영은 이런 것들이나 이와 비슷한 타격에는 거의 눈 하나 깜짝하지 않을 것이다. 오히려 그들은 적의 그런 서툰 모습과 쓸데없는 과잉 대응 자체에서 힘을 얻는다. 과잉 대응은 명백한 대테러 작전에서만 나타나는 것이 아니다. 반-테러리스트 진영에서 자국민들에게 경각심을 일깨우고 경고하는 데서도 분명하게 나타난다. 데보라 오어Debora Orr가 1년여 전에 목격했듯이, "많은 항공편이 지연되었지만 실제로 위협이 될 만한 것은 전혀 발견하지 못했다. …… 히드로 공항의 외곽에 탱크와 병력이 주둔했으나 결국 아무것도 발견하지 못하고 철수했다."[15] 2003년에 '리신● 제조 공장'을 발견했을 때도 공개적으로 요란을 떨면서 즉각 "'테러리스트의 위협이 계속되고 있음을 보여 주는 강력한 증거'라고 나팔을 불어 댔지만, 결국 포턴 다운Porton Down의 세균전 무기 생산 공장●●은, 테러리스트의 주요 근거지라고 내세웠던 건물에서 리신을 생산했다는 것을 증명하지는 못했다." 사실, 덩컨 캠벨Duncan Campbell이 "리신 제조를 공모했다는" 용의자들을 심리한 법정에서 보고한 것처럼,[16] 그 소송의 유일한 근거였던 문서는 "캘리포니아

● 피마자에서 채취한 백색의 유독한 단백질 가루.
●● 영국의 포턴 다운 국방 연구소를 가리킨다. 정식 명칭은 국방과학기술연구소 (Defence Science and Technology Laboratory)이다.

주 팔로알토의 인터넷 사이트 게시물 사본"이라는 사실이 초기 단계에 이미 입증되어 카불이나 알 카에다와는 무관한 것으로 밝혀졌기 때문에 검사 측에서 기소를 취하할 수밖에 없었다. 그런데도 2주 후 당시 영국의 내무장관 데이비드 블렁킷David Blunkett은 이렇게 발표했다. "알 카에다와 국제적인 그 조직망은 실제로 우리 턱 밑까지 들어와 우리의 삶을 위협하는 것으로 보이며, 이런 사실은 수개월 안에 법정에서 밝혀질 것이다." 그런가 하면 미국의 콜린 파월Colin Powell은 이른바 '런던 독극물 테러 사건'London ricin ring●을, 이라크와 오사마 빈 라덴이 "유럽 전역의 독극물 테러 조직을 지원 및 지휘"한다는 증거로 이용했다. 하지만 2004년 2월 초까지 새로운 테러방지법에 의해 500명이 체포되었으나 겨우 2명만 유죄가 입증되었을 뿐이다.

오어의 지적에 따르면, 이런 지각없는 언행의 결과, 테러리스트에 대한 공포를 부채질하는 중요한 이유가 무역에서의 강력한 이해관계 때문이라는 가설은 어느 정도 설득력을 얻고 있다. 이런 혐의가 신빙성이 있음을 보여 주는 자료는 많다. '테러와의 전쟁'

● 2003년 1월, 런던 시내 한 주택에서 독극물 리신을 제조한 혐의로 아프리카 출신 13명이 구속되었으며, 정부는 이들로부터 런던 지하철과 파리 에펠탑에 대한 테러 계획 사실을 밝혀냈다고 발표했다. 이는 영국이 9·11 테러 이후 반테러법을 제정해, 테러 용의가 있는 인물에 대해서는 재판 절차 없이 구속할 수 있는 제도를 도입한 후에 터진 사건이다.

으로 소형 무기 거래가 줄어들기는커녕 세계적으로 확산되었음을 보여 주는 지표들이 존재한다(국제사면위원회 Amnesty International와 옥스팜 Oxfam의 공동 보고서 저자들은 "사실상의 대량 살상 무기"인 소형 무기가 매해 50만 명의 목숨을 앗아 가고 있다고 추산한다).[17] 미국의 '방어용 장비' 생산업자와 무역업자가 대중의 공포(이런 공포는 그런 장비가 아무 데서나 쉽게 눈에 띄는 현실 자체에 의해 다시 증폭된다) 덕분에 벌어들이는 소득을 보여 주는 문서도 많다. 여하튼, 공포를 조성한다고 비난받는 테러리스트들을 상대로 벌이는 전쟁이 가장 많이 만들어 낸 중요한 산물이 공포 자체라는 사실은 거듭 강조할 필요가 있다.

그런 전쟁이 낳은 크게 눈에 띄는 또 다른 산물은 개인의 자유가 광범위하게 제한된 현실이다. 이런 제한 중 일부는 마그나 카르타 Magna Carta 제정 이래로 들어 본 적도 없는 것이다. 런던 정경대 London School of Economics 인권법 교수 코너 기어티 Conor Gearty는 영국에서 이미 '테러방지법'이라는 이름으로 통과된 자유를 제한하는 법의 긴 목록을 열거하면서,[18] "우리가 이런 법을 후손에게 물려주고자 할 때 우리의 시민적 자유가 이 땅에 계속 존속할 것인지" 결코 확신할 수 없다면서 이에 대해 우려하는 다른 많은 논평자들과 견해를 같이했다. 지금까지 영국 사법부는 "진압 말고는 다른 대안이 없다"는 정부의 정책을 받아들이고 있다. 그러므로 기어티가 결론짓는 것처럼, "오직 자유주의적 이상주의자들"과 그들처럼 잘속는 다른 호인들만이, 지금과 같은 "위기의 시대"에는 "사법부"가

시민의 자유를 보호하며 "사회를 이끌어 갈 것"이라고 기대할 수 있을 것이다.

방문객뿐만 아니라 국내법 및 국제법으로부터도 차단된 쿠바 관타나모 강제수용소나 이라크 아부 그라이브 교도소에서 자행되는 악랄한 가혹 행위에 관한 이야기들, 그리고 이런 잔혹 행위를 가하거나 감독하도록 임명된 사람들이 자행하는 무자비한 비인간적 행위에 관한 이야기들은 여기서 되풀이할 필요가 없을 정도로 인쇄 매체를 통해 널리 알려졌다. 우리는 가끔씩 다음과 같은 생각에 잠긴다. 그런 외진 장소에 출몰하는 괴물들은, 몇몇의 아주 극단적이고 과격하며 뻔뻔스럽고 거칠고 난폭한 원혼들의 표본에 지나지 않을지 모른다고 말이다. 하지만 그런 괴물들은 바로 여기 우리 집의 다락이나 지하에 출몰하고 있는데도 우리는 이를 좀처럼 겉으로 드러내 놓고 말하지 않는다. 다른 사람들의 삶의 변화는 우리 자신의 삶과는 무관하다고 믿는 사람들이 대부분인 세상, 다시 말하면 개인들은 대부분 다른 사람들의 성공을 위한 도구인 동시에, 각 개인은 자기 혼자만의 힘으로 살아가도록 방치되는 세상이 바로 그런 괴물들이 출몰하는 곳이다.

이런 개인들의 고독한 삶은 즐거울 수도 있고 대체로 분주하다. 그러나 그 삶은 위험하고 공포로 가득 찬 삶이기도 하다. 이런 세상에는 고군분투하는 개개인들이 구조받을 수 있다는 희망을 가질 수 있도록 하고, 개인적으로 실패했을 경우 의지할 수 있는 버팀목이 많지 않다. 인간적인 유대는 편안할 정도로 느슨해졌지만 바로 그 때문에 몹시 믿기 어려우며, 연대를 실천하는 일은 그에 따르는 혜택들(그리고 심지어는 연대의 도덕적 장점들)을 파악하는 것만큼이나 어렵다.

새로운 개인주의의 등장과 인간적 유대의 소멸, 연대의 약화는 동전의 한 면으로, 또 다른 면은 '부정적 지구화'의 흐릿한 윤곽을 보여 준다. 현재의 모습과 같은 순전히 부정적인 형태의 지구화는 기생적이며 약탈적인 과정으로, 국민국가들nation-states과 그 주민들의 몸에서 활력을 빨아먹고 성장한다. 아탈리의 말을 한 번 더 인용하면, 국가states라는 조직으로 흡수된 국민들nations은 "사태의 전반적인 방향에 대한 영향력을 상실했으며, 자기들의 운명을 결정하고 다양한 형태로 나타나는 공포들과 맞서 싸우는 데 필요한 수단 역시 지구화 과정에서 모두 빼앗겼다."

사회는 더 이상 국가의 보호를 받지 못한다. 혹은 그렇지 않더라도 최소한 국가가 제공한다는 보호를 신뢰할 것 같지 않다. 사회는 이제 통제할 수도 없고 다시 붙잡아 복종하게 만들 희망이나 생각조차 품을 수 없는 세력들의 탐욕에 노출되어 있다. 무엇보다도 바로 이런 이유 때문에, 언제나 폭풍우를 헤쳐 나가야 하는 국가 정부는 하나의 임시방편적 위기관리 캠페인과 긴급조치에서 또 다른 위기관리 캠페인과 긴급조치로 이리저리 옮겨 다닐 수밖에 없다. 이들은 다음 선거가 끝난 뒤에도 권좌에 계속 남고 싶다는 생각만 할뿐이며, 국가의 고질적인 문제들을 근본적으로 해결하려는 비전은 고사하고 장기적인 프로그램이나 야심 찬 계획도 생각할 겨를이 없다. 국민국가는 '개방'되어 안팎으로 점점 더 무방비 상태에 놓이면서 그 힘을 잃어 가고, 이제 그 힘은 전자구적 공간으로 증발하고 있다. 또한 정치적 통찰력과 수완을 상실하면서 이제 점점 개인의 '생활 정치'life politics 차원으로 강등되어 개인들을 '보조하는 역할'을 하게 된다. 그나마 국가 및 국가기관에 남아 있는 힘과 정치도 기껏해야 규모가 큰 경찰 관할구역 하나 정도나 감당할 수 있을 정도로 점점 축소되고 있다. 규모가 작아진 국가는 개인의 안전을 겨우 책임지는 개인 안전 국가로 명맥을 유지할 수 있을 뿐이다.

지구화를 추동하는 힘[세력]globalizing forces의 압력에 밀려 강제로 개방된 사회로부터 흘러나온 권력과 정치는, 계속해서 서로 멀어지고 있다. 문제는 (그리고 십중팔구 현 세기에 가장 중요한 도전으로 다가올 엄청난 과제는) 권력과 정치를 다시 하나로 묶는 일이다. 헤어진 이 두 동반자를 국민국가라는 가정 안에서 재결합시키는 일은 아마 그런 도전에 대해 취할 수 있는 대응책 중 가장 성공 가능성이 적을 것이다.

부정적으로 지구화된 세상에서 가장 근본적인 문제(다른 모든 문제들의 해결을 좌우하는 메타 문제들)는 모두 전지구적인 것이며, 따라서 지역적인 해결책을 용납하지 않는다. 전지구적 차원에 비롯되어 전지구적으로 활성화된 문제에 대한 지역적인 해결책은 없으며 또 있을 수도 없다. 권력과 정치가 다시 결합하는 일이 이루어질 수 있다면 그것은 전지구적인 차원에서 이루어질 것이다. 벤저민 바버[Benjamin R. Barber]가 예리하게 지적한 것처럼, "카라치[Karachi]나 바그다드의 어린이들이 잠자리에서 안전하다고 느끼지 못한다면 미국의 어린이들도 그럴 것이다. 세계 다른 지역의 사람들이 박탈감과 굴욕감에 젖어 있다면 유럽인들이 아무리 자유를 자랑하더라도 오래가지 못할 것이다."[19] 더 이상 민주주의와 자유를 일국적 차원에서, 심지어는 일군의 국가들 사이에서조차, 충분히 그리고 진정으로 보호하는 것은 불가능하다. 불의가 만연하고 인간의 존엄성을 박탈당한 수십억의 사람들이 살고 있는 세상에서 민주주의와 자유를 지키려는 노력은 지키고자 했던 가치들을 불가피하게 왜곡시킬 것이다. 민주주의와 자유의 미래는 전지구적인 차원에서만 확보될 수 있다. 그렇지 않으면 그 미래는 존재하지 않는다.

　공포는 우리 시대의 열린 사회에 깃든 가장 사악한 괴물임에 틀림없다. 그러나 우리가 느끼는 공포 가운데 가장 무섭고 참기 어려운 공포를 부화시키고 키우는 것은 바로 현재의 불안과 미래의 불확실성이다. 그리고 이런 불안과 불확실성은 무력감에서 탄생한다. 우리에게는 더 이상—개인적으로든, 몇몇 사람으로든, 집단적으로든 —통제력이 없는 것 같다. 설상가상으로 우리에게는 권력이 이미 자리 잡고 있는 수준까지 정치를 끌어올릴 도구도 없다. 따라서 우리가 공유할 수 있는 여건을 형성하는 동시에 선택의 자유가 가진 한계와 가능성의 범위를 설정하는 힘들을 제어할 통제력, 즉 지금은 우리의 손을 벗어난 통제력을 다시 회복해 재점유할 수 있도록 해줄 도구도 없다. 공포라는 괴물은 우리가 이런 도구들을 찾아내야(더 정확하게 말하면, 만들어 내야) 비로소 추방될 것이다.

## 이동 중인 인류

1백 년 전, 로자 룩셈부르크$^{Rosa\ Luxemburg}$는 이렇게 주장했다. 자본주의는 "발전을 위한 발판으로 비자본주의적인 사회조직들을 필요로 하지만," "자체의 존립을 보장해 줄 수 있는 조건을 동화시킴으로써 발전한다."[1] 비자본주의적인 사회조직들은 자본주의가 자랄 비옥한 대지를 제공하고 자본은 그런 조직들의 잔해를 먹고 살아간다. 그리고 자본축적을 위해서는 이런 비자본주의적인 배경이 반드시 필요하지만 자본축적은 이런 배지培地를 대가로, 즉 그배지를 먹어 치우면서 진행된다.

자본주의 자체에 내재된 역설은, 자본주의는 자기 꼬리를 잘라먹고 살아가는 뱀과 같다는 것이다. 이는 결국 자본주의의 운명이기도 하다. …… 최근 일이십 년은 꼬리와 위장 사이의 거리가 빠르게 줄어들어 '먹는 자'와 '먹히는 자'의 차이가 점점 더 불분명해진 시기였다고 할 수 있다. 이 시기에 만들어졌기 때문에 로자 룩셈부르크는 몰랐던 용어를 사용해 다시 말하자면, 자본주의는 '자산 탈취'asset stripping●를 통해 에너지를 얻어 생명을 유지한다고 할 수 있다. 자산 탈취는 '적대적 인수 합병'hostile mergers 같은 일반적인 행태를 통해 최근에 드러난 관행이며, 새롭게 탈취할 자산을 늘 필요로 한다. 그러나 일단 이 관행이 전지구적으로 실행되기 시작하면 조만간에 공급자가 고갈되거나, 관행 자체가 유지되기에 필요한 수준 이하로 공급자가 줄어든다. 탈취되는 '자산'은 다른 생산자들의 노동이 낳은 결과다. 하지만 그 생산자들이 자산을 탈취당해 점진적으로 무자비하게 제거되면 '탈취할' 자산이 하나도 남아 있지 않은 시점이 올 수밖에 없다.

다시 말해, 로자 룩셈부르크는 어느 한 유형의 자본주의가 식량 고갈로 사멸하는 모습, 즉 자신이 뜯어먹던 '타자성'otherness의 마지막 풀밭까지 먹어 치우고는 굶어 죽는 모습을 예견했다. 그러나 1백 년이 지난 후 근대성이 지구를 정복하면서 나타난 치명적인, 어쩌면 가장 치명적인 결과는 '인간쓰레기'human waste를 처리하는 산업이 심각한 위기를 맞게 된 상황인 것 같다. 자본주의 시장이 정복한 새로운 전진기지마다 땅과 일터, 공동체적 안전망 등을 이미 박탈당한 사람들의 무리에 수많은 사람이 새로 추가되고 있기 때문이다.

● 재정 위기에 처한 회사를 헐값에 사서 그 회사의 자산을 수익이 되는 대로 팔아 치우는 것.

제러미 시브룩Jeremy Seabrook은 오늘날 자기 땅에서 추방당해, 가장 가까운 거대도시에서 빠르게 팽창 중인 빈민촌에서 생존을 모색할 수밖에 없는 전지구적 빈민의 곤경을 생생하게 묘사하고 있다.

전지구적으로 빈민들이 떠돌아다니고 있다. 부자들이 그들을 쫓아냈기 때문이 아니라, 배후지의 자원이 고갈되거나 용도가 변경되어 그곳에서 쫓겨났기 때문이다.……

그들이 경작하던 땅은 비료와 농약에 중독되어 시장에 내다 팔 잉여 농산물을 더 이상 내놓지 못한다. 물은 오염되고, 관개수로는 메워졌으며, 우물물은 더러워서 마실 수 없다. …… 땅은 해변 휴양 시설이나 골프장을 지으려는 정부에 매입되거나, 농산물을 더 많이 수출하려는 구조 조정 계획에 압력을 받는다. …… 학교 건물들은 더 이상 수리되지 않는다. 진료소는 폐쇄되었다. 사람들이 언제든 연료를 구하거나 열매를 따거나 집을 수리할 대나무를 구하던 숲은 출입 금지 구역이 되어 사설 경비업체의 제복을 입은 경비들의 감시를 받는다.[2]

자본주의가 세계를 정복함으로써 불필요해진 사람들의 수는 끊임없이 늘어나 지금은 지구의 관리 능력을 넘어설 지경이다. 자본주의적 근대(혹은 근대적 자본주의)는 자체가 만들어 낸 쓰레기 때문에 질식하게 될 것이라고 전망할 법도 하다. 자본주의적 근대는 그 산물들을 스스로 다시 흡수하거나 소멸시키지도 못하고 정화할 수도 없다(빠르게 쌓이는 쓰레기의 독성이 급증하고 있다는 것을 보여 주는 지표는 허다하다).

산업 쓰레기와 생활 쓰레기가 생태계의 균형과 지구 생명체의 자기 재생 능력에 미치는 무시무시한 결과는 한동안 진지한 관심의 대상이었다(하지만 논쟁에 비해 후속 조치는 너무나도 빈약했다). 반면에 우리는 인간쓰레기wasted human라 할 수 있는 대중들이 점점 늘어나는 현실이 인간의 지구적 공존과 관련된 정치적 균형과 사회적 평형상태에 얼마나 지대한 영향을 미치는지에 대해서는 아직 제대로 간파해 내지도 완전히 파악하지도 못했다. 그러나 지금이 바로 이런 일을 시작할 시점이다. 우리가 현재 처해 있는 것과 같은 본질적으로 새로운 상황에서는, 의례적으로 우리가 떠올리는 용의자들의 명단을 검토하는 것이나 기존의 관성화된 방식으로 그들에게 딴죽을 거는 것으로는, 어떤 일 — 방식은 다양하지만 동일하게 지상의 모든 거주지에 영향을 미치는 — 이 일어나고 있는지 이해하는 데 별로 도움을 주지 못할 것이다.

금융과 상품 및 노동시장, 자본에 의한 근대화, 그리고 근대적 생활양식의 전지구적 확산으로 이 지구가 새로운 "포화 상태"fullness를 맞게 되면서 두 가지 직접적인 결과가 나타났다.

첫 번째 결과는, 이미 근대화되었거나 현재 근대화되고 있는 비교적 소수의 '잉여 인간'human surplus ─ 근대적인 삶의 방식이 확산되면서 점점 증가할 수밖에 없는, 쓸모없이 남아도는 여분의 인구이며, 노동시장이 거부하고 시장 중심 경제가 배제한, 재활용 장치의 처리 용량으로는 감당하지 못하는 과잉인구 ─ 밀집 지역들을 정기적으로 제때에 비우고 깨끗이 청소할 수 있게 해주던 과거의 배출구들이 차단된 것이다. 일단 근대적인 삶의 방식이 지구촌 전체로 확산(혹은 강제로 보급)되고, 이에 따라 선택받은 제한된 수의 국가들이 누리던 특권이 중단되자 몇몇 국가가 인간쓰레기를 처리하던 주요 배출구들, 즉 주요 쓰레기 처리장으로 사용하던 '비어 있거나' '임자 없는' 땅들(더 정확하게 말하면 전지구적 권력 격차로 인해, 이미 '근대화된' 공업지역이 수 세기 동안, 비어 있고/있거나 임자 없는 것으로 간주하고 다룰 수 있던 땅들)은 희박해져서 완전히 사라질 지경이 되었다. 최근에 근대라는 저거노트juggernaut● 밑으로 뛰어든(혹은 내던져진) 지역에서 대규모로 나타나는 '불필요한(버림받은, 정리해고된) 인간들'redundant humans에 대해서는 그와 같은 배출구를 마련할 수 없었던 것이다. 하지만 인간쓰레기든 인간 같지 않은 쓰레기

● 원래는 인도 신화에서 비슈누 신의 제8의 화신인 크리슈나의 신상 또는 그 신상을 실은 마차를 가리킨다. 오늘날에는 빠른 속도로 달리는 대형 트럭처럼 불가항력의 힘을 가진 거대한 괴물을 뜻한다.

든, 쓰레기 문제가 없던 이른바 '전근대적인' 사회에서는 그런 배출구가 필요하지 않았다.

이런 이중적인 과정 — 인간쓰레기를 처리하기 위한 과거의 외부 배출구들이 차단된 것과 새로운 배출구가 공급되지 않는 것 — 의 결과로, '과거에 이미 근대화를 이루어 놓은 국가들'이나 이제 새롭게 근대화되기 시작한 국가들 모두가 배제적인[배타적인] 관행의 칼날을 점점 더 내부로 돌리고 있다. 다른 것은 기대할 수 없다. 근대적인 삶의 방식이 전지구적으로 확산되는 과정에서 사람들이 마주친/만들어 낸 — 그러나 몇몇 나라에서는 성가시지만 해결 가능한 일시적 자극제로 간주할 수 있었고, 또 실제로 (클로드 레비스트로스Claude Lévi-Strauss의 용어를 따르면) '식인적'食人的, anthropophagic이거나 '토인적'吐人的, anthropoemic● 전략들의 도움으로 어느 정도 효과적

● '토하다'라는 뜻의 그리스어 émein에서 나온 말로, '앙트로페미'(anthropémie)라고도 한다. 특수한 인간, 비정상적 인간을 병원, 정신병원, 감옥과 같은 보호받는 공간으로 축출하거나 배제해 버리는 일을 의미한다. 레비스트로스의 『슬픈 열대』에 나오는 배제와 포함이라는 범주와 관련된 것으로, 그에 따르면 원시사회들은 이방인들과 사회로부터 일탈한 사람들을 집어삼킴으로써 자신들의 것으로 만들고, 그로부터 힘을 얻는 방식으로 이들을 처리했으며, 레비스트로스는 이를 '식인적'이라 규정했다. 반면에 근대사회는 일탈한 이들을 토해 내고 그들을 사회 밖이나 자신들 주변의 특별한 기관 내에 감금해서 해결하는 방식을 추구하며, 레비스트로스는 이를 '토인적'이라 규정했다. 이런 관점은 급진적 지식인들에 의해 수용되어 디스토피아적인 근대로의 이행, 즉 관용적인 세계에서 비관용적인 세계로의 이행을 나타내는 개념이 되었다. 물론, 과연 식인적 세계가 거식증적으로 토해 내는 토인

으로 다루어질 수 있던 ─'차이'difference가 다시 등장했기 때문이다. 그러나 멀리 떨어진 곳에서 시도되었고 검증된, 틀에 박힌 전략들은 자국에서는 현실적이지 못하며, 그런 전략들을 자국에 적용하려는 모든 시도는 검증되지 않았으므로 앞길을 예견할 수 없는 끔찍한 위험들을 수반한다.

클리퍼드 기어츠Clifford Geertz는 "힘 있는 자들의 가치에 복종시키려고 힘을 사용하는 것"과 "어떤 것에도 관여하지 않고 아무것도 바꾸려 하지 않는 공허한 관용"[3]이라는 두 대안 사이에서 현재 어떤 선택이 이루어지고 있는지를 예리하게 비판하면서 다음과 같은 점에 주목했다. 즉, 복종을 강요하는 권력뿐만 아니라, 지위가 높고 힘 있는 자들이 자신들의 당혹감은 물론, 그들의 선심 쓰는 척하는 태도에 모욕을 느낀 자들의 분노를 달래는 데 사용했던 '관용'이라는 고상한 제스처 역시 이제는 더 이상 사용할 수 없게 되었다는 것이다. 기어츠가 지적하듯이, 우리 시대에는 "…… 주로 사회들 간에 발생하던 …… 문화적 다양성에서 연유하는 도덕적 문제들이 …… 이제는 점점 사회 내부에서 발생하고 있다. 사회적 경계와 문화적 경계가 점점 더 일치하지 않고 있다."

적 세계보다 더 관용적인지, 또 모든 사회가 관용이 저하되는 경향 속에서 어떤 하나의 사회로 이행해 가는 것인지 등의 문제는 논쟁의 여지가 있다. 바우만은 이런 논쟁의 여지를 제거하고 이 개념을 윤색해 모든 사회가 식인적 측면과 토인적 측면을 동시에 가지고 있다고 지적하고 있다.

미국의 도시가 문화와 민족이 다양한 도시의 주요 모델이던 시대는 완전히 끝났다. '갈리아인을 조상으로 내세우는' 파리가 맨해튼처럼 많은 언어가 사용되고 다양한 인종이 사는 도시로 변하고 있다. 그러므로 뉴욕에 스페인계 시장이 등장하기 전에 파리에서 먼저 북아프리카계 시장이 나타날지도 모른다(혹은 그와 비슷한 시장이 등장할지 모른다고 많은 갈리아인은 두려워한다).

세상 모든 곳이 영국 신사 클럽보다는 쿠웨이트 장터를 닮아 가고 있다. 주위 환경이 모두 뒤섞여 있다. 이 환경은 주변Umwelte●을 과거의 모습대로 내버려두지 않는다.

잉여 인구('정상적인' 삶의 유형으로 다시 흡수되어 '유용한' 사회 구성원의 범주로 다시 편입될 수 없는 부분)가 일상적으로 제거되어, 경제적 균형과 사회적 평형상태가 모색되는 울타리의 바깥으로 옮겨질 수 있다고 하자. 그럴 경우 울타리 바깥으로 옮겨지지 않고 안에 남아 있는 사람들은 비록 일시적으로는 필요하지 않더라도 '재활용 대상'이나 '사회 복귀 대상'으로 분류된다. 그들은 당분간만 '퇴출'되어 있으며, 이들이 퇴출된 상태는 치료가 필요한 비정상적인 상태

---

● 이는 오감과 지각을 통해 형성된 물리적 환경을 가리킨다. 인간들 사이에서는 물론, 각각의 생명체는 그 자신만의 오감과 지각을 갖고 있기에 동일한 물리적 공간이라고 하더라도, 자신의 기존 경험과 지각에 따라 서로 다른 '주변'(Umwelte) 속에서 살아가게 된다.

이다. 분명히 그들은 최대한 빨리 사회로 '복귀'하도록 도움을 받을 필요가 있다. 그들은 '노동 예비군'이므로 기회가 있으면 곧바로 되돌아가서 적극적으로 활동할 수 있는 말끔한 모습으로 단장되고 유지되어야 한다.

그러나 일단 잉여 인간을 배출할 통로가 막히면 모든 것이 변한다. '불필요한' 인구가 내부에 남아서 '유용하고' '적법한' 나머지 사람들과 어깨를 부딪치는 시간이 길어질수록, '정상'과 '비정상', 일시적인 자격 박탈과 궁극적인 쓰레기 판정을 구분하는 선은 점점 모호해진다. 이렇게 되면 '쓰레기' 판정은, 그것이 과거에 인식되던 방식처럼, 상대적으로 소수의 인구에만 국한되기보다는 모든 이들의 잠재적인 전망이 된다 ─ 즉, 모든 이들의 사회적 지위는 지금 쓰레기 판정을 받거나 미래에 쓰레기 판정을 받거나 그 사이에서 오락가락한다. 비정상성을 다루기 위해 만들어진, 일시적이고 소수에게만 영향을 미친다고 간주되었던, 개입 도구와 전략들은 이런 새로운 형태의 '쓰레기 문제'를 다루는 데 충분하지 않으며, 이런 과업에는 특히 부적합하다.

이 모든 좌절과 진퇴양난의 상황들, 그리고 이와 비슷한 상황들은, 현재도 충분히 끔찍하지만, 최근 들어 '잉여 인간' 현상에 직면하게 된 지역에 가면(이들에게 이 문제는 이전에는 알려져 있지 않았으며, 그래서 간단히 처리해 버릴 수 있는 문제였다), 훨씬 더 확대되어 극심하게 나타나는 경향이 있다. 여기서 말하는 '최근'이란 뒤늦은 시기, 즉 지구가 이미 포화 상태에 도달해 쓰레기 처리장으로 사용될 '빈 땅'이 남아 있지 않은 시기, 근대의 울타리로 새로 진입한 이들에게는 비대칭적으로 국경이 막혀 버린 시기를 의미한다. 다른 사람들의 땅은 다른 지역의 잉여물을 받아들이지도 않고 과거처럼 받아들이도록 강요할 수도 없다. 과거에 쓰레기를 만들어 내던 자들은 자신들이 지역적으로 만들어 낸 문제를 전지구적 차원에서 해결할 수 있는 방책을 모색하고 찾아냈다. 반면에 '후발' 주자들은 전지구적 차원에서 발생한 문제를 지역적 차원에서 해결해야 한다. 더구나 해결책이라고 해도 기껏해야 미비할 뿐이며 성공할 가능성이 거의 없는 경우가 많다.

자발적이든 강요된 것이든 후발 주자들은 전지구적인 압력에 굴복해 자본과 상품이 거침없이 유통되도록 영토를 개방하게 된다. 한때 대부분의 가족과 지역 사업체는 새로 태어나는 사람들을 모두 흡수하고 채용하고 부양해 대체로 그 생존을 보장할 수 있었고 또 기꺼이 그렇게 했다. 그러나 개방은 대부분의 가족과 지역 사업체를 위태롭게 만든다. '근대' 세계의 후발주자들은 이제야 '가구 경제와 사업의 분리', 이로 인해 나타나는 모든 사회적 격변과 인간적 곤경을 경험하고 있다. 반면에 근대의 선두 주자들은 자신들이 안고 있던 문제를 전지구적 차원에서 해소해 버릴 수 있었기 때문에 그 과정을 어느 정도 완화할 수 있었다. 가족적 제약과 지역적 제약에서 벗어난 경제가 더 이상 흡수할 수 없는 잉여 인구를 안치하는 데 쉽게 사용할 수 있던 '비어 있고' '임자 없는' 많은 땅이 그 해결책이었던 것이다. 그러나 후발 주자는 이런 사치를 누릴 수 없다.

부족 간 전쟁과 대량 학살, 자유의 투사로 가장한 '게릴라 부대'나 노상강도단, 서로의 조직원들을 살해하는 데 혈안이 되어 있지만 그 과정에서 '잉여 인구'를 흡수하다가 적절한 시기에는 이들을 전멸시키는 마약상(이들 대부분은 고향에서 고용 불가능한 젊은이들로 앞길이 꽉 막힌 이들이다)의 확산 등이 바로 근대에 뒤늦게 발을 들여놓은 후발 주자들이 어쩔 수 없이 의지하는(혹은 그보다는 그런 데 의지하고 있는 자신을 발견하게 되는), '전지구적 문제에 대한' 뒤틀리고 일그러진 '지역적 사이비 해결책'이다. 수십만 때로는 수백만이 조국에서 추방되어 살해되거나 조국의 국경 밖에서 필사적인 도피 생활을 해야 한다. 아마도 후발 국가들(우회적으로 그리고 종종 기만적으로 '개발도상국'이라고 불린다)에서 유일하게 번성 중인 산업은 난민 대량생산일 것이다.

영국의 수상은 이런 산업이 점점 더 많이 생산해 내는 제품들을, '그들의 조국에 가까운' 영원한 일시적 수용소(우회적으로 그리고 대체로 기만적으로 '안식처'라고 일컬어지는)에 떠넘김으로써, 다른 나라의 양탄자 밑으로 쓸어 넣자고 제안했다. 이는 지역 문제를 지역적인 것으로 남겨 두려는 것이자, 후발 주자들이 선두 주자들의 선례를 따라, 지역에서 발생한 문제를 전지구적으로 해결하려는 (유일하고도 효과적인) 시도를 아예 싹부터 잘라 버리려는 의도였다. (비록 꼭 그렇게 말한 것은 아니었으나) 사실상 그가 제안한 것은 인접 후발 국가들이 어떤 대가를 치르더라도, 자국의 복지는 보존하자는 것이었다. 똑같이 난민이 대량생산되고 있는 인접 후발 국가들에서 '잉여 인구' 문제가 이미 다룰 수 없을 만큼 심각한 사안이 되어 버렸다는 사실은 이들에게 상관없는 일이었다.

풍요로운 서구는 '쓰레기 처리'와 '쓰레기 재활용' 노력에는 동참하지 않으면서도 쓰레기 생산을 부추기는 일은 많이 하고 있다는 점에도 주목하자. 그들은 간접적으로는 쓰레기를 방지하는 기존의 모든 예방 조치를 '비생산적'이고 '경제적으로 성장 가능성이 없는' 것으로 간주하고 하나씩 해체해 제거하는 방법을 통해, 그리고 직접적으로는 전지구화 추진 전쟁globalizing wars을 수행해 점점 더 많은 사회를 불안정하게 만드는 방법을 통해서 쓰레기 생산을 부추기고 있다. 북대서양조약기구가 이라크를 침공하기 바로 전날, 터키는 이라크의 임박한 공격에 대비해 인접 국경을 봉쇄할 수 있도록 병력을 지원해 달라고 북대서양조약기구에 요청했다. 북대서양조약기구 가맹국의 많은 정치가들은 상상할 수 있는 온갖 유보 조건을 달며 이에 반대했다. 그러나 터키가 막아야 할(혹은 그래야 한다고 사람들이 생각했던) 위험은, 미국의 침공으로 집을 잃게 된 이라크 난민의 유입이지 미국이 공격해 박살 낼 것이 확실한 이라크군의 터키 침공이 아니라는 점을 공개적으로 언급하는 이는 아무도 없었다.[4]

아무리 애쓴다 해도 '경제적 이주'의 물결을 막으려는 노력은 1백 퍼센트 성공하지는 못하며, 아마 성공할 수도 없을 것이다. 비참한 생활이 계속되면서 수백만 명의 사람들이 절망적인 상황에 처하게 되었으며, 변경邊境이 전지구적으로 확대되고 범죄가 전지구화된 시대에 이런 상황을 이용해 돈을 벌거나 떼부자가 되려는 '사업'은 당연히 있을 수밖에 없다. 따라서 최근의 거대한 전환이 낳은 어마어마한 두 번째 결과는, 바로 근대성의 온실이 방출한 '잉여 인구'가 과거에 걸었던 길을 이제는 수백만의 이주자들이 서성이고 있는 것이라 할 수 있다. 다만 이번에 이들은 정복자 군대나 상인들, 선교사들의 도움도 없이 반대 방향으로 헤매고 있을 뿐이다. 이런 결과와 그것이 일으킨 반향, 그리고 그 규모가 어느 정도인지에 대해서는, 그것이 일으킨 그 모든 파문들에도 불구하고 아직 제대로 밝혀지거나 파악되지 않았다.

2001년 아프가니스탄 전쟁과 관련해서 서로의 의견을 교환하는 자리에서는 짧지만 신랄한 이야기들이 오갔다. 이 자리에서 게리 영Gary Younge은, 9·11사건이 터지기 하루 전, 이 지구가 어떤 상황에 있었는지에 대해 곰곰이 곱씹어 보고 있었다. 그는 "아프가니스탄 난민을 태운 배 한 척이 오스트레일리아 부근을 표류하다가" (90퍼센트에 달하는 오스트레일리아인들의 박수갈채 속에서) 결국에는 태평양 한가운데 있는 무인도에 버려진 일을 떠올렸다.

오스트레일리아는 현재 연합군에 깊이 관여하고 있고, 아프가니스탄의 해방을 최선의 대안으로 생각하고 있으며, 이를 위해 폭탄을 보낼 준비도 하고 있다는 점에서, 그 난민이 아프가니스탄 사람들이었다는 점은 흥미로운 일이다. …… [한편, 영국에서는-옮긴이] 내무장관 시절, 일군의 아프가니스탄 사람들이 [런던의-옮긴이] 스탠스테드Stansted 공항에 착륙했을 때 [아프가니스탄으로 돌아간다 해도-옮긴이] 박해 받을 리가 없다며 돌려보낸 사람이, 지금은 아프가니스탄을 나치에 비유하는 우리 외무장관이라는 점도 흥미롭다.[5]

영이 내린 결론에 따르면, 9월 10일 당시의 세상은 '무법천지' 였다. 빈부를 막론하고 누구나 '힘이 곧 정의'라고 생각했으며, 고위층 권력자들은 국제법(그들이 뭐라고 불렀건 간에)이 성가시다고 생각되면 언제나 그 법을 무시하거나 피해 갈 수 있었다. 부와 권력이 세계의 경제뿐만 아니라 도덕과 정치까지도 좌지우지하면서 이 세상의 생활 조건과 관련된 다른 모든 것들을 결정했다.

얼마 후 런던에서는 고등법원 판사의 주재 아래, 영국 관리가 망명을 신청한 여섯 사람에게 보인 처우의 적법성을 가리는 재판이 있었다.[6] 그들은 이라크와 앙골라, 르완다, 에티오피아, 이란 등

'악evil'이라고 공인된, 또는 적어도 일상적으로 인권을 침해하거나 무시한다고 공인된 정권에서 도망쳐 온 사람들이었다. 이들의 변호인이었던 키어 스타머Keir Starmer QC는 콜린스 판사에게 이렇게 말했다. 영국에 새로 도입된 규칙들 때문에, 수백 명의 망명 신청자들이 "소송도 진행할 수 없을 만큼 궁핍한 상황"에 처해 있다. 그들은 거리에서 아무렇게나 잠을 청하며, 춥고 배고픈 생활로 겁먹고 병들어 있는 상황이다. 몇몇은 "공중전화 박스나 주차장에서 생활할 정도"였다. 그들에게는 "그 어떤 [보호] 기금이나 편의 시설, 음식"도 허용되지 않았고 유급 노동을 구하는 것도 금지되었으며 사회보장 급여도 차단되었다. 게다가 언제 망명 신청이 받아들여질지, 어디로 망명할 수 있을지(그리고 망명이 가능하기는 한 건지)에 대해서도 전혀 알 수 없었다. 반복되는 강간과 구타를 피해 르완다를 탈출한 어떤 여인은 [영국 런던 남부의] 크로이던Croydon 경찰서 의자에서 밤을 지새워야 했다 — 이것도 잠들지 않는다는 조건으로 허용된 것이다. 앙골라 출신의 한 남자는, 아버지는 총격을 받고 어머니와 누이는 수차례 강간당한 후에 벌거벗긴 채 거리에 버려진 모습을 발견했는데도, 결국 모든 지원을 거부당한 채 거리에서 노숙해야 했다. 키어 스타머의 소송에서 판사는 사회적 원조를 차단하는 것은 불법이라고 선고했다. 그러나 내무장관은 이 판결에 대해 분노했다. "솔직히 개인적으로는, 판사가 국회에서 논쟁 중인 사안을 뒤집어엎는 상황을 처리하는 일에 넌덜머리가 납니다.

우리는 콜린스 판사의 판결을 받아들이지 않을 거예요. 그의 판결을 뒤엎을 방법을 찾을 겁니다."⁷ 당시에는 200건의 비슷한 사건이 법원의 결정을 기다리고 있었다.

키어 스타머가 변호하던 여섯 사람이 겪은 어려움은 아마 망명 신청자들이 영국에 도착했을 때 통상적으로 들어가는 수용소들이 초만원이라는 현실에서 나타난 부작용일 것이다. 계획적으로 설치되었든 임시방편으로 세워졌든 모든 수용소의 상황은 똑같다. 지구화로 인해 집과 조국을 잃은 피해자들의 숫자는 너무 빠르게 증가하고 있어서, 그 추세에 맞춰 수용소의 위치를 선정하고 건설하는 것은 거의 불가능한 실정이다.

지구화로 인해 나타난 가장 좋지 않은 결과 중 하나는 전쟁의 탈규제화이다. 현재 전쟁과 비슷한 양상을 띠고 나타나는 대부분의 전투와 그중 가장 잔혹하고 처참한 전투들은 국내법 혹은 그에 준하는 법이나 국제 협약의 규제를 받지 않는 비국가 단체들이 벌이는 일이다. 이런 전투들은 국가 주권이 계속해서 침식당한 결과이자 국가 주권을 침식하는 부수적이지만 강력한 원인이라 할수 있으며, 동시에 '초국가적인' 전지구적 공간에 계속해서 변경지역과 같은 조건을 만들어 내고 있다. 부족들 간의 적대감이 공공연하게 표출되는 것은 국가의 권력이 약해졌기 때문이다. '신생국들'의 경우에는 권력이 성장할 시간이 주어진(혹은 허용된) 적이 없기 때문이다. 일단 적대적인 행동들이 표출되면 국가가 제정한 법들은, 제정된 지 얼마 되지 않은 법이든 이미 확립된 국가적 차원의 법이든, 아무리 타당한 의도와 목적을 지니고 있다 하더라도, 집행 불가능한 무용지물이 되어 버린다.

그러므로 이런 국가의 일반 국민들은 무법천지에 놓이게 된다. 싸움터에서 도망치기로 작정하고 간신히 빠져나온 사람들은 변경지역이 전지구적으로 확산되고 있는 상황에서 그 어느 곳을 가더라도 유형만 바뀔 뿐 모두 똑같은 무법천지라는 사실을 알게 된다. 탈출한 사람들은 일단 조국의 국경을 넘어서면, 그들을 지켜 주고 외국 세력에 맞서 권리를 보호해 주며 그들을 위해 중재에 나서 줄 공인된 국가 권위의 지원마저 받지 못하게 된다. 난민들에게는 국적이 없다. 그러나 여기서 국적이 없다는 말은 새로운 의미이다. 국적을 잃은 그들의 상태는 국적이 있을 때 의지할 수 있던 국가의 권위가 전혀 존재하지 않거나 단지 유령처럼 존재하게 됨으로써 완전히 새로운 차원으로 들어선다. 미셸 아지에르Michel Agier가 지구화시대의 난민에 관한 통찰력 있는 연구에서 말한 것처럼, 그들은 법의 바깥에hors du nomos 있다.[8] 이 말은 이런저런 나라의 이런저런 법이 미치지 못하는 곳에 있다는 것이 아니라, 법 자체가 미치지 못하는 곳에 있다는 것이다. 그들은 법의 혜택을 박탈당하고 버림받은 새로운 유형의 추방자이고, 지구화가 낳은 산물이며, 변경 지역 사람들의 정신을 가장 극명하게 보여 주는 전형이자 화신이다. 아지에르의 말을 다시 빌리면, 그들은 "경계의 문턱에서 표류하는"liminal drift 상황으로 내던져진 것이다. 그들은 표류가 일시적일지, 영원할지 알지도 못하고 알 수도 없다. 비록 그들이 어떤 곳에 잠시 머문다 해도 그들은 결코 끝나지 않는 여행을 하고 있는 것이다. 왜냐하면 그 목적지가 (도착할 곳이든 되돌아가야 할 곳이든) 영원히 불분명한 상태로 남아 있으며, 그들이 '종점'이라고 부를 수 있을 장소는 영원히 접근 불가능한 장소이기 때문이다. 그들은 어떤 곳에 정착하든 그것이 확정적이지 않은 일시적인 정착일 뿐이며, 무한히 계속될 것이라는 생각에 가슴 졸여야 할 것이다.

팔레스타인 난민들 중 대다수는 50년 전 급조된 낡은 임시 수용소에 갇혀 바깥 생활은 구경도 못해 본 이들로, 그들이 겪고 있는 비참한 상황은 이미 잘 알려져 있다. 그럼에도 불구하고, 지구화의 악영향으로 인해 새로운 수용소들은 재난 지역 주변에 우후죽순 생겨나고 있으며, 이는 토니 블레어가 유엔 고등난민위원회United Nations High Commission for Refugees에서 의무화해 주기를 요청한 수용소 모델을 예시해 주는 것으로, 대체로 잘 알려져 있지 않거나 사람들이 잊고 있어 악명은 덜한 편이다. 예를 들어, 케냐의 가리사Garissa 지방에 위치한 다밥Dabaab 지구의 세 수용소(1991~92년 사이에 들어선)에는 나머지 가리사 지역에 존재하는 인구만큼이나 많은 이들이 수용되어 있지만, 당장 폐쇄될 것 같은 징후는 전혀 없음에도, 10여 년이 훌쩍 지난 지금까지도 지도에 모습을 드러내지 않았다 ─ 사람들은 여전히 그것이 영구적으로 지속될 것이 분명함에도 일시적인 것으로 간주하고 있다. 이는 (1991년 9월에 세워진) 일포Ilfo와 (1992년 3월에 세워진) 다가할리Dagahaley, (1992년 6월에 세워진) 하가데라Hagadera의 수용소 역시 마찬가지다.[9]

한번 난민은 영원한 난민이다. 조국의 잃어버린(아니 그보다는 더 이상 존재하지 않는) 낙원으로 돌아갈 길은 이미 거의 차단되어 있다. 수용소라는 연옥에서 밖으로 나가는 모든 길은 지옥으로 이어진다. …… 미래가 없는 공허한 날들이 계속되는 수용소 담장 안에서의 삶은 견디기 어려운 것이겠지만, 신은 인류 전권대사들 ─ 임명되었거나 스스로 일을 자청한 이들의 임무는, 난민을 수용소 안에 가두어 놓고 지옥으로부터 떨어뜨려 놓는 것이다 ─ 을 통해 생명 유지 장치가 제거되지 못하도록 막고 있다. 그러나 권력의 실세들이, 표면상 망명자들은 조국으로 "돌아가는 것이 안전"하기 때문에 더 이상 그들은 난민이 아니라고 결정할 때마다, 인류 전권대사들은 수시로 그 장치를 제거한다. 하지만 그들의 조국은 더 이상 조국이 아닌 것이 되어 버린 지 오래로 그들에게 제공해 줄 것도, 그들이 조국에 바랄 것도 없는 상태이다.

예를 들면, 에티오피아Ethiopia와 에리트레아Eritrea에서 수십 년간 자행된 야만스러운 전쟁과 부족 간 학살 현장에서 도망쳐 나온 90

만 명 정도의 난민이 있다. 그들은 전쟁 때문에 이미 폐허가 되고 궁핍해진 국가인 수단의 북부 지역(악명 높은 다르푸르Darfur를 포함한)에 흩어져, 남부 지역의 학살 현장들을 회상하며 공포에 떨고 있는 다른 난민들과 뒤섞여 있다.[10] 그들은 비정부 자선단체들이 인정한 유엔 기관의 결정에 따라 더 이상 난민이 아니며, 따라서 더 이상 인도주의적 도움을 받을 자격이 없다. 그러나 그들은 떠나길 거부한다. 그들은 '돌아갈 고향이 있다고 믿지 않는 것이 분명하다. 그들이 기억하는 고향은 이미 파괴되거나 약탈당했기 때문이다. 이런 상황에서 그들을 감시하는 인도주의자들의 새로운 임무는 그들이 떠나도록 내모는 일이 되었다. 카살라 수용소에서는 제일 먼저 물 공급이 중단되었고, 이어서 수용자들이 강제로 밖으로 옮겨졌으며, 수용소는 에티오피아의 고향처럼 아예 돌아갈 생각을 하지 못하도록 완전히 철거되었다. 움 굴삼 라파Um Gulsam Laffa 수용소와 뉴 샤가랍New shagarab 수용소의 수용자들도 똑같은 일을 당했다. 인근 지역 주민들의 증언에 따르면, 수용소의 병원이 폐쇄되고 우물이 메워지고 식량 공급이 중단되었을 때 8천 명 가량의 수용자가 사망했다고 한다. 사실 이 이야기를 확인하기는 어렵다. 그러나 확신할 수 있는 것은, 여전히 난민들은 인간이 존재하지 않는다고 해서 지도에는 존재하지도 않는 곳nowhere-land of non-humanity으로부터 벗어나지 못하고 있음에도, 난민 명부와 통계에서는 수십만 명이 이미 사라졌거나 지금도 계속해서 사라지고 있다는 사실이다.

**곧** 피수용자가 될 사람들은 수용소로 가는 도중에 정체성을 나타낼 수 있는 모든 것을 박탈당한다. 남는 것은 국적도 없고, 정착지도 없고, 기능도 없고, '서류에도 없는' 난민이라는 단 한 가지 사실뿐이다. 수용소 울타리 안에서 그들은 정체성의 바탕이 되는 기본적인 편의 시설도 박탈당하고, 정체성의 씨줄과 날줄이 되는 일상적인 모든 근거를 박탈당한 얼굴 없는 대중 속에 묻힌다. 난민이 된다는 것은

> 사회적 존재의 기반이 되는 매개들, 즉 의미를 갖는 일상적인 것들과 사람들 — 땅과 집, 마을, 도시, 부모, 재산, 직업, 그리고 여타의 일상적인 지표들 등 — 을 잃는다는 의미다. 떠돌면서 기다리는 이 피조물들에게 남아 있는 것은 인도주의적인 도움의 손길에 따라 지속성이 좌우되는 '벌거벗은 생활'뿐이다.[11]

인도주의적인 도움의 손길에 대해서는 우려할 점이 많다. 고용된 사람이든 자원봉사자든 인도주의적 보조자들은 바로 배제의 사슬을 형성하는 중요한 고리가 아닌가? 난민들을 보살피는 역할을 하는 기관이 그들을 위험에서 멀리 떼놓기 위해 최선을 다하는 동안 자기도 모르게 '인종 청소자들'을 돕고 있는 것은 아닌가? 아지에르가 깊이 생각하는 문제는 바로 이런 것이다. 인도주의적 일꾼들은 "적은 비용으로 난민을 배제하는 일을 담당하는 요원"이

아닌가? 또 (여전히 더 중요한 문제는) 그들은 나머지 세상 사람들의 불안을 덜어 주거나 없애 주려고 마련된 장치, 우발적인 사고에 대한 공포와 절박감을 완화하는 동시에 범죄자들에게 면죄부를 주어 방관자들의 양심의 가책까지 달래 주려고 마련된 장치가 아닌가? 사실 난민들을 '인도주의적 일꾼들'에게 일임하(고 눈에 띄지 않는 곳에서 무장하고 있는 경비원에 대해서는 모르는 척 하)는 것은 서로 화해할 수 없는 바람을 화해시킬 수 있는 이상적인 방법인 것처럼 보인다. 즉, 해로운 인간쓰레기를 처리하고자 하는 압도적인 바람뿐만 아니라 도덕적 올바름righteousness을 원하는 절실한 바람도 충족시킬 수 있는 이상적인 방법인 것이다.

저주받은 인간들이 겪는 어려움 때문에 가책을 느끼는 양심은 치유할 수 있을지도 모른다. 그런 결과를 얻기 위해서는, 생물학적 격리 biosegregation 과정, 즉 전쟁, 폭력, 탈출exodus, 질병, 빈곤misery, 불평등으로 얼룩진 정체성들을 떠올리게 하고 고정시키는 과정 — 이미 한창 진행 중인 과정 — 이 자연스럽게 그 수순을 밟도록 허용하는 것만으로도 충분할 것이다. 사람들은 분명히 낙인찍힌 사람들이 인간성이 저열하다는 이유로, 거리를 두려 할 것이다. 이는 다시 말해 그들을 도덕적으로뿐만 아니라 육체적으로도 비인간화하는 작업이다.[12]

난민들은 도착해서 잠시 머무는 곳에서 담당할 쓸모 있는 기능도 없고, 새로운 사회집단에 동화되거나 통합될 현실적인 전망도 의도도 없는 '인간쓰레기'의 화신 자체다. 그들에게는 쓰레기처럼 내던져진 장소에서 되돌아갈 길도 없고 앞으로 나아갈 길도 없다 (오스트레일리아 군함의 호위를 받으며, 알려지거나 심지어 알려지지도 않은 모든 항로에서 멀리 떨어진 외딴 섬으로 간 아프가니스탄 난민들의 경우처럼 훨씬 더 먼 곳으로 가는 길이 아니라면 말이다). 사회적 부패[인간쓰레기들]의 불쾌한 악취가 원주민들의 거주지에 도달하지 못할 만큼 먼 거리, 이것이 그들의 영원한 거처인 임시 수용소의 위치를 선정하는 주요 기준이다. 그런 장소가 아닌 곳에 있는 난민은 장애물과 골칫거리로 간주되지만, 그 안에 들어간 이들은 잊힌다. 난민을 그런 곳에 가둬 놓고 밖으로 새어 나오지 못하도록 막는다는 점에서, 그런 격리를 궁극적이고 돌이킬 수 없는 것으로 만든다는 측면에서, "일부의 연민과 또 다른 일부의 증오"는 서로 협력해 난민을 멀리 격리시키는 동일한 효과를 만들어 낸다.[13]

남은 것은 담장과 가시철망, 통제되는 출입문, 무장 경비원뿐이다. 난민의 정체성은 그 속에서 규정된다 ─ 아니, 정체성을 규정한다기보다는 자기주장은 고사하고 자신을 규정할 권리조차 말살한다. 인간쓰레기를 포함해 모든 쓰레기는 구별 없이 똑같은 하치장에 쌓인다. 쓰레기 판정 조치는 차이와 개성, 특이성에 마침표를 찍는다. 재활용을 위해 분류하는 경우가 아니면 쓰레기에 꼼꼼하게 등급을 매길 필요는 없다. 난민이 인간 사회에서 합법적으로 인정받는 일원으로 재활용될 전망은, 조금의 과장도 보태지 않고 말해, 거의 실현 가능성이 없으며 무한히 요원하다. 모든 조처는 그들이 영원히 배제되었음을 확실히 하기 위해 내려진다. 특성 없는 인간들은 이름도 없는 구역에 내맡겨진다. 그리고 의미 있는 장소 혹은 사회적으로 통용되는 의미가 일상적으로 구축될 수 있거나 실제로 구축되고 있는 곳으로 돌아가거나 나아갈 수 있는 길은 모두 영원히 차단된다.

난민은 어디를 가든 불청객이며 의심할 여지없이 그런 상태로 방치된다. 명백한 '경제적 이주자들'(즉, 신자유주의자들이 이구동성으로 찬양하는 '합리적인 선택'을 한, 따라서 생계 수단을 발견할 수 없는 곳에 머물기보다는 발견할 수 있는 곳에서 생계 수단을 얻고자 하는 사람들)은, 유권자들에게는 '노동 유연성'을 최고의 덕목으로 선전하면서, 실직한 자국민에게 '자전거라도 타고' 노동을 팔 수 있는 곳으로 가도록 권고하는 바로 그 정부들의 공공연한 규탄의 대상이 된다. 얼마 전까지만 해도 차별과 핍박을 피해 피난처를 찾아온 사람들은 인권을 행사하는 것으로 간주되었으나, 이제는 그들의 경제적 동기에 대해 곱지 않은 시선이 쏟아진다. 연상이 반복되면서 '망명 신청자'asylum seeker라는 말은 경멸적인 어감을 갖게 됐다. '유럽연합'의 정치가들은 국경을 강화할 수 있는 훨씬 더 정교한 방법을 마련하는 일과, 그럼에도 불구하고 빵과 잠자리를 찾아 가까스로 국경을 넘은 망명 신청자들을 제거할 가장 편리한 절차들을 모색하는 일에 대부분의 시간과 두뇌를 사용한다.

데이비드 블렁킷은 영국 내무부 장관 시절, 다른 정치가들에게 뒤처지지 않으려고, "무자격 망명 신청자들"을 소환하지 않는 나라에는 경제 원조를 중단해 난민 생산국들로 하여금 그들을 불러들이도록 하자고 제안한 적이 있다.[14] 그가 내놓은 새로운 아이디어는 이것만이 아니었다. 블렁킷은 다른 유럽 지도자들의 열정이 부족하기 때문에 "진행이 여전히 너무 느리다"고 불평하면서 "변화의 속도를 올리고" 싶어 했다. 그는 유럽의 모든 국가가 참여하는 "연합 기동반"과 "범국가적인 전문가팀"을 만들려고 했다. 전문가팀의 임무는 "유럽연합 …… 역외 국경의 취약점을 밝히고, 해상을 통한 불법 이주 문제를 다루며, 인신매매human trafficking(매매trafficking란 한때는 '통행'[왕래]passage이라는 개념을 폄하하고 대체하기 위해 새롭게 고안된 용어이다)를 근절하기 위한 공동 위험 평가서를 작성하는 것"이었다.

각국 정부와 여러 유명 인사들은 대중적 편견을 방조함으로써, 유권자들이 자신이 사로잡혀 있는 실존적 불확실성의 진정한 원천과 대면하지 못하도록 한다. 그리고 이들의 적극적인 협력 덕분에 '망명 신청자들'은 이제 사악한 눈을 지닌 마녀와 회개할 줄 모르는 악인들 — 과거 도시 괴담 속에서나 나올 법한 악의를 품은 괴물들과 요괴 — 의 역할을 떠맡게 되었다. 빠른 속도로 확산되는 새로운 도시 민담은 전지구적인 추방 열풍의 피해자들에게 '문제를 일으키는' 주요 '원흉'이라는 역할을 떠맡기는 한편, 민간에 전해 내려오는 머리끝이 쭈뼛해지는 괴담들을 수집하고 짜맞춘 후에 다시 유포시킨다. 과거든 현재든 도시의 삶이 불안하면 사람들은 그런 민담을 훨씬 더 열렬히 열망한다. 마틴 브라이트Martin Bright의 말처럼, 영국의 렉섬Wrexham[웨일스 북부 탄전 지역에 있는 소도시]에서 이주민을 대상으로 벌어진 악명 높은 폭동은 "고립된 사건이 아니었다. 영국에서는 망명 신청자들을 공격하는 일이 일상화되고 있다."[15] 예컨대, 플리머스Plymouth[잉글랜드 남서단, 데번Devon county에 있는 항구도시]에서는 그런 공격이 일상적인 일이 되었다. "네팔 출신의 스물세 살 농부인 소넘Sonam은 8개월 전 플리머스에 도착했다. 그가 조심스럽게 웃으면 이 두 개가 빠진 모습이 드러나는데, 그가 이렇게 된 것은 자기 나라에서 있었던 격렬한 싸움에서가 아니라 대번포트Davenport의 작은 가게에서 돌아오는 길에서였다."

원주민들의 적대감은 다음과 같은 결과를 낳았다. 새롭게 도착한 이주민들의 망명 신청은 즉각 거부당했으며, 당국자들은 이들에게 그 어떤 편익도 제공하지 않기로 결정한 것이다. 또한 '인도주의적 보호'에 필요한 기금 역시 삭감되었으며, '불청객'인 난민들을 겨냥해 몰인정한 추방 정책이 만들어졌다(2002년에는 1만 740명이 추방되었으며 2003년 6월에는 1,300명이 추방을 눈앞에 두고 억류되어 있었다). 그 결과 2002년 10월에는 8,900건이었던 망명 신청이 2003년 6월에는 3,600건으로 급격히 줄어들었다. 데이비드 블렁킷은 이런 자료들을 해석하며 의기양양했다. 정부의 정책이 칭찬할 만큼 성공했다는 증거이며 "강경한" 조치들이 "효력을 발휘한다"는 결정적 증거라는 얘기였다. 사실 그런 조치들은 효력을 발휘하고 있었다. 비록 난민위원회가 "영국으로 들어오려는 사람들 가운데 일부는 우리의 도움을 절실히 필요로 하고 있다"는 점을 고려할 때 "단지 이들이 영국에 들어오지 못하도록 막는 것"을 "성공"으로 선전하는 것은 무리라고 지적했지만 말이다.[16]

매우 기발했던 책략에도 불구하고 이주자들을 신속히 추방할 수 없었던 정부는 멀리 떨어진 고립된 장소에 수용소를 세우고, 그들을 가둬 놓자고 제안했다. 이는 "이주자들은 그 나라의 경제생활에 동화되고 싶어 하지 않거나 그렇게 될 수 없다"는 광범위한 신념을 자기 충족적인 예언으로 바꿔 놓는 단계였다. 게리 영이 이야기하고 있듯이, 영국 정부는 "영국의 시골 지역에 사실상 격리 구역Bantustans● 을 세워 놓고는, 난민을 격리해 취약한 상태로 방치하는 방식으로 그들을 몰아넣기" 바빴다.[17] 망명 신청자들은 "범죄자가 되기보다는 범죄의 피해자가 될 가능성이 더 많다"라고 영은 결론짓는다.

● 본래 반투스탄은 남아프리카공화국에 세워진 반(半)자치 흑인 구역을 말한다.

유엔 고등난민위원회에 등록된 난민들 가운데 아프리카의 경우에는 83.2퍼센트가 수용소에 수용되어 있고 아시아에서는 95.9퍼센트가 수용소에 있다. 유럽의 경우 지금까지는 오직 14.3퍼센트의 난민들만 수용소에 갇혀 있다. 그러나 유럽과 다른 지역 사이의 이런 차이가 계속 유지될 것이라고 기대할 수 없다.


난민들은 사방에서 집중공격을 받고 있다. 더 정확히 말하면, 이중 구속double bind의 상황에 놓여 있다.

그들은 조국에서 강제로 추방되거나 그곳이 무서워서 도망쳤으나 다른 나라로의 입국도 거부된 상황이다. 그들은 장소를 바꾼 것이 아니다. 이 지상에서는 설 곳을 잃은 채, 존재하지 않는 곳no-where, 마르크 오제Marc Augé가 말하는 "비공간"non-lieux 혹은 조엘 개로Joel Garreau가 말하는 "유령 마을"nowherevilles로 내던져졌거나 미셸 푸코Michel Foucault가 말하는 "홀로 존재하지만 폐쇄되어 있는 동시에 바다의 무한성 속에 묻혀 일정한 장소 없이 표류하는 장소"인 "바보들의 배"Narrenschiffen18에 실린 것이다. 다시 말해, 미셸 아지에르의 말처럼 정의상 사람이 살지 않는 땅, 즉 인간에게 화를 잘 내서 인간이 거의 찾지 않는 땅, 황무지로 내팽개쳐졌다.

난민이나 망명 신청자들의 수용소는 출구를 봉쇄함으로써 임시 시설을 영구화하는 술책이다. 거듭 말하면, 난민들이나 '망명 신청자' 수용소에 수감된 이들은 '떠나온 곳'으로 되돌아갈 수 없다. 그들이 등지고 떠나온 조국은 그들이 돌아오는 것을 원하지 않으며, 생계 수단은 파괴되었고, 살던 집은 약탈당하거나 쑥대밭이 되어 버렸기 때문이다. 앞으로 나아갈 길도 없다. 모든 정부는 수백만의 노숙자들이 대거 흘러들어 오는 것을 곱지 않은 시선으로 바라볼 것이고 새로운 이주자들이 정착하지 못하도록 막는 일에도 전력을 다할 것이기 때문이다.

난민들이 머무는 새로운 '영원한 임시 장소'에 대해 말하면, 그들은 '그곳에 존재하지만 소속되지는 않는다.' 실제로 그들은 그들의 오두막이 모여 있거나 천막이 세워져 있는 나라에 속하지 않는다. 그들은 보이지 않는 그러나 여전히 뚫을 수 없는 두터운, 의심과 분노의 장막을 통해 그 나라의 나머지 사람들로부터 분리되어 있다. 그들은 시간이 멈춰 버린 허공spatial void을 떠돈다. 그들은 정착한 것도 아니고 이동하는 것도 아니다. 그들은 정착민도 아니고 유랑민도 아니다.

인간의 정체성을 말하는 관습적인 용어를 빌리면, 그들은 형언할 수 없는 존재ineffable다. 그들은 자크 데리다Jacques Derrida가 말하는 육화된 '비확정적 존재'undecidables다. 그들은 다른 사람에게 칭찬을 받고 숙고와 자기반성 등의 교양을 자랑하는 우리들 같은 사람들 사이에서 불가'촉'의 존재un'touch'ables일 뿐만 아니라 불가'사의'한 존재un'think'ables이기도 하다. 상상의 공동체[베네딕트 앤더슨이 말하는 민족국가]가 넘쳐 나는 세상에서 그들은 상상할 수도 없는 존재un-imaginables다. 게다가 진정한 공동체에 모인 사람들, 또는 진정한 공동체-되기를-희망하며 모인 사람들은 바로 그런 존재들이 상상될 수 있는 권리를 거부함으로써, 자신들만의 상상의 노동labours of imagination에 대한 신뢰성을 추구한다.

난민 수용소는 이제 새로운 특징을 자랑한다. "얼어붙어 버린 일시성"frozen transience, 일과성이 계속해서 진행되고 유지되는 상태, 영속적인 것에 기여하는 것은 고사하고 그 일부로도 살아가지 못하는 순간들을 얼기설기 꿰매어 놓은 시간 등이 바로 난민 수용소의 특징이다. 장기적으로 일어날 일들과 그 결과를 전망하는 것은 난민 수용소 사람들이 경험할 수 있는 것이 아니다. 난민은 말 그대로 하루하루 살아간다(즉, 그들의 일상적인 삶의 내용은, 하루하루가 모여 달이 되고 해가 되는 것처럼 이루어지는 것이 아니다). 로이크 와캉Loïc Wacquant이 면밀한 조사를 통해 생생하게 그려 냈던 교도소와 "하이퍼 게토"hyperghettos에서처럼, 수용소에 갇힌 난민들은 "담장 안에서 태동하는 절망 …… 속에 몸을 담근 채, 하루하루 그때그때 찰나를 살아가는, 아니 그보다는 살아남는survive[(sur)vivre]● 법을 배운다."19

---

● survive(영어), survivre(프랑스어)의 어원은 '초'(超)를 뜻하는 접두사 'super-'에 '살다'라는 의미의 'vivere'가 합쳐진 라틴어 'supervivere'로, 평범하게 사는 것

와캉의 분석에서 나온 용어들을 사용해 이야기하자면,[20] 난민 수용소는 포드와 케인스 시대Ford-Keynes era의 "공동체 게토"community ghetto와 포드 이후와 케인스 이후 시대의 "하이퍼 게토"의 독특한 특징들을 뒤섞어 엉겨 붙도록 만들어 놓은 상태라고 말할 수 있을 것이다. "공동체 게토"가 좀 더 큰 규모의 사회에서 나타나는 계층화와 기능 분업 그리고 제도들(이런 것들은 공동체적 삶을 유지하는 데 필요한 목록들을 구비하는 데 필요한 것들이다)을 축소 복제한, 상대적으로 자족적이고 자기 재생산적인 '작은 사회'라고 한다면, "하이퍼 게토"는 결코 자족적인 공동체가 아니다. 하이퍼 게토는 "끊긴 동아줄" 더미, 즉 버림받은 자들로 이루어진 인위적이고 눈에 띄게 불완전한 무리, 모여 있으나 공동체는 아닌 집단, 어떤 장소에 밀집해 있으나 스스로 생존할 수 없는 무리라 할 수 있다. "공동체 게토"의 엘리트들이 용케 게토를 빠져나가 남아 있는 게토 주민들의 생계를 (불안정하게라도) 유지해 주는 경제 네트워크가 중단되면, 국가가 운영하는 보호와 통제(대체로 이 두 기능은 밀접하게 서로 얽혀 있다) 기관들이 개입한다. 반면 '하이퍼 게토'에 수감된 이들은, 게토의 경계 너머에서 온 그리고 그들이 전혀 통제할 수 없는 줄에 매달려 있다.

미셸 아지에르는 난민 수용소에는 "공동체 게토"의 일부 특징들

이상으로 살아야 비로소 생존할 수 있다는 의미다.

과 '하이퍼 게토'의 속성들이 서로 뒤얽혀 있음을 발견했다.[21] 이런 결합은 수용자들을 훨씬 더 강하게 수용소에 묶어 놓게 된다고 우리는 추측할 수 있다. "공동체 게토"의 거주자들을 한군데 붙들어 놓는 당기는 힘과 사회에서 버림받은 사람들을 '하이퍼 게토'로 압축하는 미는 힘은 각각 그 자체로도 강력한 힘이지만 여기서는 합쳐져서 중첩되고 서로를 강화한다. 이 두 힘은 외부의 들끓는 적대감과 결합되어 저항하기 힘든 엄청난 구심력을 만들어 내며, 이는 아우슈비츠Auschwitzes나 굴락Gulag[구소련의 강제수용소]의 관리자와 감독자들이 수용자를 울타리로 둘러막아 격리해 놓으려고 개발한 악명 높은 온갖 기술도 무색하게 만들 정도다. 탈출할 길도 없고, 따라서 다른 어떤 형태의 삶에 접근하는 것도 실질적으로 차단하는 '총체적 삶'total life을 제공한다는 점에서, 인간이 고안한 축소판 세계들 microworlds 가운데 어빙 고프먼Erving Goffman이 말한 '총체적 제도'total institution●의 이념형에 가장 가까운 것이 바로 난민 수용소이다.

일시성의 영구성, 일과적인 것의 지속성, 행위의 주관적 결과

---

● 이는 정신병원, 감옥과 같이 외부 세계와 완전히 단절되어 있고, 조직 내 성원들에게 강제적인 규율이 강요되는 조직을 의미한다. 고프먼은 *Asylums*(1961)에서, 상명하복의 관계 속에서 많은 숫자의 개인이 동일한 대접을 받는 유사한 상황이 조성되어 있는 거주지와 노동의 장소를 총체적 제도라 보고, 이런 시설에 수용된 피수용자의 모습을 분석했다. 푸코 역시 『감시와 처벌』에서 병영, 정신 병동, 감옥, 학교와 같은 시설을 이야기하면서 총체적 제도에 대해 논의했다.

를 반영하지 않는 객관적 결정, 영원히 규정되지 않는 사회적 역할, 더 정확히 말하면 사회적 역할이라는 닻도 없이 삶의 흐름 속에 던져지는 상황 등, 유동하는 근대적 삶을 구성하는 이 모든 것들과 그와 관련된 특징들이, 바로 아지에르가 발견하고 기록했던 것들이다.


그러나 난민 수용소가 어느 정도나 실험실로 간주될 수 있을까? '영원히 일시적이고' 유동하는 근대의 새로운 삶의 유형을 (십중팔구 의식하지 못하는 상태에서 그러나 그렇기 때문에 그만큼 강제적으로) 시험해 보고 연습해 보는 실험실 말이다……

'외지에서' 와서 이웃에 정착하려고 노력 중인 난민과 이주민들은, 유령과도 같은 '전지구적인 세력들' ― 이들은 자신들의 행동과 일에 반드시 영향을 받는 사람들과 상의하지 않은 채 일을 처리하는 바람에 두려움과 분노의 대상이 된다 ― 이 쉽사리 화형에 처할 수 있는 허수아비의 역할을 하기에 더할 나위 없이 적합하다. 요컨대, 망명 신청자들과 '경제적 이주민들'은, 문제의 진정한 원흉으로 널리 (그리고 그럴 만한 이유가 있어서) 의심받고 있는 지구화된 세상의 새로운 파워 엘리트를 대신해 줄 집단적 모형(또 다른 자아? 동반자? 거울 이미지? 캐리커처?)이다. 엘리트와 마찬가지로 그들은 자신들을 한 장소에 묶어 놓을 끈이 없으며 미덥지 못하고 그 움직임을 예측할 수 없다. 엘리트처럼 그들은 오늘날 인간의 조건을 불안정하게 만든 뿌리들이 잠겨 있는, 깊이를 헤아릴 수 없는 '흐름의 공간'space of flows● 을 전형적으로 보여 준다. 공포와 불안은 더 적절한 다른 배출구들을 찾다가 뜻을 이루지 못하면 바로 옆에 있는 표적들은 제쳐 놓고 '근처의 이방인들'에 대한 대중적인 분노와 공포의 형태로 다시 나타난다. 불확실성은 치외법권적 공간extraterritoriality의 또 다른 화신, 즉 인간이 통제할 수 있는 영역을 벗어나 떠도는 전 지구적 엘리트와 직접 대면해서는 완화되거나 사라지지 않는다. 그 엘리트는 정확한 위치가 알려지지도 않지만 설혹 알려지더라도 정면으로 대면하거나 도전하기에는 너무 막강하다. 반면에 불운하고 무기력한 난민은 눈에 분명하게 보이고 제자리에 있으므로 넘쳐 나는 분노를 쏟아부을 수 있는 손쉬운 표적이다. 비록 그런 분노의 원인인 공포와 고통과는 아무런 관계가 없어도 말이다.

물론, 노베르트 엘리아스Norbert Elias의 유명한 개념을 빌리면, '기득권자들'the established은 '아웃사이더'outsiders의 유입에 직면하면 당연히 위협을 느낄 수밖에 없다는 점을 덧붙일 필요가 있다. 특정

● 마누엘 카스텔(Manuel Castells)의 1989년 저서인 『정보도시: 정보기술의 정치경제학』(*Informational City*, 2001)(최병두 옮김, 한울)에서 소개된 말로 전통적인 '장소의 공간'과 대비되는 개념.

한 이 아웃사이더, 즉 난민은 '우리들 가운데 섞여 있는' 모든 '이방인들'이 체현하고 있는 '거대한 미지의 세력'을 상징하는 것 외에도, 기득권자에게 안전하고 익숙한(익숙하기 때문에 안전한) 일상적인 삶의 보호막이 얼마나 쉽게 뚫리거나 짓밟힐 수 있는지, 그리고 기득권자들의 안전이 얼마나 기만적인지 등을 생각나게 하는, 멀리서 들려오는 전쟁의 소음, 약탈당한 집과 불탄 마을의 악취를 뼈저리게 느끼게 한다. 베르톨트 브레히트Bertold Brecht가 『망명지』Die Landschaft des Exils에서 지적한 것처럼, 난민은 "불행을 예고하는 사람"ein Bote des Unglücks이다.

1970년대는 전후 재건 사업과 사회적 협약, 그리고 제국주의 체제의 해체와 '신생국'의 증가로 인한 발전론적 낙관주의로 점철된 '영광의 30년'이 어느덧 과거 속으로 묻혀 버리고, 국경들은 사라지고 정보가 홍수처럼 쏟아지며 지구화가 걷잡을 수 없이 진행되면서, '한편에서는 부가 넘치고 다른 한편에서는 가난이 창궐'함에 따라 풍요로운 북반구에서 흥청망청 대는 동안 '다른 세계에서는 좌절감과 소외감이 깊어져 가는'[22] 멋진 신세계brave new world가 열리던 시기였다. 되돌아보면, 이 10년은 근대사의 진정한 분수령이었음을 알 수 있다. 1970년대가 끝나 갈 즈음, 삶의 도전에 직면한 모든 이들은 이미 눈치채지 못한 사이에 근본적으로 변화해 버린 상황 속에서 기존의 삶의 지혜들은 무효화되어 버리고 삶의 전략을 전면적으로 재검토하고 수정해야 하는 상황에 놓이게 된다.

'지역적인 문제에 대한 전지구적 해결책'의 봉쇄, 더 정확하게 말하면 '인간쓰레기 처리 산업'이 직면한 현재의 위기는, 전지구적 이주민들이 폭력으로부터의 안전과 빵과 식수를 구하기 위해 기웃거리는 나라들이 난민들과 망명 신청자들을 대하는 방식에 다시 영향을 미친다. 또한 이런 위기는 그런 국가 안에서 '내부적으로 배제된' 사람들이 처한 문제도 철저하게 바꾸어 놓고 있다.

'내부적으로 배제된 사람들'(이제는 '최하층 계급'underclass이라 불러야 할 사람들)에 대한 처우에서 나타난 변화의 가장 치명적인 측면들 가운데 하나는, 포괄적inclusive 공동체인 '사회국가적' 모델로부터 '사법 정의' 국가 또는 '징벌 국가', '범죄 통제' 국가, '배제' 국가로의 변화라 할 수 있으며, 이는 비교적 초기에 드러나 그 이후 철저하게 기록되었다. 예컨대 데이비드 갈런드David Garland는 이렇게 말한다.

강조점이 복지에서 징벌로 뚜렷이 변화했다. …… 징벌 양식은 점점 더 분명해지면서 갈수록 가혹해지고, 스스럼없이 표현되며, 안전에 집착하는 경향을 보이고 있다. …… 복지 양식은 점점 완화되고 있을 뿐만 아니라 조건도 많아지고, 위법행위를 중심으로 하게 되었으며, 더욱더 위험을 의식하게 된다.……

범법자들을 …… 이제 공식 담론에서 사회적으로 박탈당한 자로서 지원이 필요한 시민으로 표현하는 경우는 드문 일이 되었다. 그 대신에 그들은 비난받아 마땅하고, 지원받을 자격이 없으며, 다소 위험한 개인으로 묘사된다.[23]

와캉은, "국가의 임무에 대한 재정의"에 주목한다. 즉, 국가는 "사회적 역할을 축소시킬 필요가 있다고 역설하면서 징벌적 개입을 확대 및 강화하고 경제 영역으로부터 후퇴하고 있다."[24]

울프 헤데토프트Ulf Hedetoft는 다른(그러나 긴밀하게 연관된) 측면에서 '외부적으로 배제된' 사람들, 즉 잠재적 이주민에 초점을 맞춰 지난 30년간 일어났던 변화 ─ 물론 변화의 양상은 동일하다 ─ 를 이야기한다.[25] 그는 "우리와 그들 사이에 경계선이" 이전보다 "더 엄격하게 다시 그어지고 있다"는 점에 주목한다. 헤데토프트는 안드레아스Peter Andreas와 스나이더Timothy Snyder의 입장을 받아들여,[26] 국경은 더 선택적이고 다양한 형태로 변화했을 뿐만 아니라 이른바 "비대칭 막"asymmetrical membranes으로 바뀌기도 했다고 한다. 국경은 밖으로 나가는 것은 허용하지만 "원치 않는 집단들units이 밖에서 들어오는 것은 막는다"는 것이다. 이런 목적을 위해, 국경을 따라 배치된 정식 출입국 사무소 말고도 다른 국가의 출발지인 항구나 공항에 통제소와 같은 해외 전진기지가 더해졌다.

역외 국경에서 통제가 강화되었다. "남반구"의 이주자 배출 국가에서는 비자 발급 제도가 더 엄격해졌고 …… [국경이] 다변화되어 지금까지 해오던 장소에서뿐만 아니라 …… 공항, 대사관과 영사관, 난민 센터, 가상공간에서도 서로 다른 나라의 경찰과 이민 당국이 협력을 강화하는 방식으로 통제가 이루어진다.

마치 헤데토프트의 명제에 대한 직접적인 증거를 제공하려는 듯이 영국 수상은 유엔 고등난민위원회의 루드 루버스Luud Lubbers를 만난 자리에서, 앞으로 망명을 신청할 자들을 위해 그들의 조국 근처에 '피난처'를 세우자고 제안했다. 최근까지 망명 신청자들의 당연한 목적지였던 영국을 비롯한 여타의 부국들로부터 안전거리가 확보되는 곳에 피난처를 세우자는 얘기였다. 거대한 전환 이후 시대post-Great Transformation era에 전형적인, 모호하고도 기만적인 어법으로 내무장관 데이비드 블렁킷은 블레어와 루버스가 나눴던 대화의 주제에 대해 "망명자 보호 체계asylum system를 서구 진입 통로로 이용하는 사람들이 선진국에 안겨 준 새로운 도전"이라고 묘사했다(이 어법을 이용해 말하면, 예컨대 조난 구조 체계를 통해 뭍으로 나가려는 난파선 선원에게, 그런 시도는 기득권자에 대한 도전이라며 불평할 수도 있을 것이다).

당분간 유럽과 그 해외 전진기지들(미국이나 오스트레일리아 등)은 익숙치 않은 문제에 대한 해답을 마찬가지로 익숙치 않은 정책,

유럽 역사상 지금까지 거의 실시해 본 적이 없는 정책에서 찾은 것 같다. 즉, 외향적이라기보다는 내향적이고, 원심력보다는 구심력을 이용하며, 외부로 폭발하기보다는 내부를 붕괴시키는 정책들 말이다. 즉, 내곽內廓을 쌓고, 자신들끼리 의지하며 엑스레이 촬영기와 폐쇄 회로 텔레비전 카메라를 설치한 울타리를 세우는 정책과, 입국 사무소 안에는 관리를 더 배치하고 밖에는 국경 감시원을 늘리는 정책, 입국 및 귀화 관련법의 그물을 더 촘촘하게 하는 정책, 엄격하게 감시하는 격리된 수용소에 난민을 가두는 정책, 이주민이 국경에 도착해 난민이나 망명자 신분을 요청할 기회를 얻기 전에 미리 자국에 접근하지 못하도록 막는 정책 등이 그것이다. 간단히 말하면 사람들이 문을 두드리지 못하게 자국 영토를 봉쇄하면서도, 원인을 제거해 그런 압력을 줄이려는 노력은 거의 하지 않는 정책을 찾는 것 같다.

나오미 클라인Naomi Klein은 '다층 지역 요새'multi-tiered regional strong-hold를 추구하는 경향(유럽이 먼저 시행하고 미국이 재빨리 그 뒤를 따르고 있다)이 점점 강해지고 계속 확산되는 모습에 주목했다.

요새 대륙이란 [역외에 있는-옮긴이] 다른 국가들과의 교역조건을 유리하게 하기 위해 함께 힘을 모으는 한편, 외부 국가에서 사람이 들어오지 못하도록 자기들끼리 공유하고 있는 역외 국경을 순찰하는 국가들의 블록을 말한다. 그러나 대륙은 비록 그 자체가 요새임을 진지하게 생각하더라도, 담장 안에 있는 가난한 한두 나라를 초청해야 한다. 누군가는 힘들고 지저분한 일을 해야 하기 때문이다.[27]

북미자유무역협정NAFTA은 캐나다와 멕시코를 받아들여서 확장된 미국의 내부 시장이다(나오미 클라인은 "이주 노동자들은 오일쇼크 이후 미국의 남서부 경제를 움직이는 연료"라고 지적한다). 2001년 7월 이 협정은 '수르 계획'Plan Sur에 의해 보완되었는데, 이에 따라 멕시코 정부는 막대한 경찰력을 동원해 남부 국경을 순찰함으로써 가난한 인간쓰레기 물결이 라틴아메리카 국가들로부터 미국으로 흘러들지 못하도록 효과적으로 막는 일을 책임졌다. 그 후 수십만 이주민이 미국 국경에 닿기도 전에 멕시코 경찰에게 저지당해 투옥된 후 추방되었다. 나오미 클라인은 유럽 요새에 대해 이렇게 주장한다. "폴란드와 불가리아, 헝가리, 체코는 의복과 전자 제품, 자동차를 서구 유럽에서 생산하는 제조원가의 20~25퍼센트로 생산하는 저임금 공장을 제공하는 포스트모던 시대의 노예postmodern serfs다." 요새화된 대륙들 안에서 "새로운 사회적 위계제도"는, 서로 노골적으로 모순적이지만 생명을 유지하는 데 똑같이 필수적인 원리들 사이에서 균형을 찾으려는 불가능한 시도 속에서 이루어진 것이다. 국경을 물 샐 틈 없이 만드는 동시에, 온갖 제안을 다 받아들이고 수행할 준비가 되어 있는 저렴하고 유순한 노동력에 쉽게 접근할 수 있어야 한다는 것, 자유무역을 실시하는 한편 이민을 반대하는 정서에도 비위를 맞출 수 있어야 한다는 것이 그 원리다. 그리고 국민국가의 약해지는 주권을 책임진 정부들은 빠르게 무너지고 있는 자신의 정당성을 지키기 위해 그 지푸라기를 부여잡고 있다. 클라인은 이렇게 묻는다. "어떻게 기업에게는 문을 열면서 사람들에게는 문을 닫을 수 있는가?" 그리고는 다음과 같이 대답한다. "쉽다. 우선 울타리를 크게 쳐라. 그 다음 걸어 잠그라."

유럽연합은 심지어 동유럽과 중앙 유럽 국가들에게 회원국 자격이 허락되기도 전에 흥정도 없이 아주 기꺼이 기금을 제공했는데, 이는 곧 '유럽 요새'의 동쪽 경계가 될 국가들의 국경을 외부자는 뚫고 들어올 수 없도록 만들어 줄 첨단 기술을 위해 배정된 것이었다.……

아마도 여기서 나타난 두 가지 경향은, 거의 강박적이라고 할 수 있을 정도로 강화된 안전에 대한 관심이 두 가지 연관된 징후로 나타난 것이라고 할 수 있을 것이다. 다시 말해, 영원히 존재하는 포괄적 성향과 배제적 성향 사이에서 나타나는 균형의 변화로 설명될 수도 있거나, 각각 자체의 논리를 따르는 서로 무관한 현상일지도 모른다. 그러나 직접적인 원인이 무엇이든 간에 두 가지 경향은 모두 같은 뿌리에서 나왔다. 이제는 근대적 삶의 방식이 전지구적으로 확산되어 이 지구의 가장 먼 경계에까지 미친 것이다. 이로 인해 '중심'과 '주변'을 나누는 경계, 더 정확하게 말하면 '근대적'(혹은 '선진적') 삶의 형태와 '전근대적'(혹은 '저발전된' 또는 '후진적') 삶의 형태를 나누는 경계는 사라졌다. 이런 구분(중심과 주변)은 근대의 역사에서 좀 더 오랫동안 유지되어 왔던 것으로, 기존의 (삶의) 방식을 근대적으로 재편하는 것은 상대적으로 좁은 범위에 국한되어 있었고, 이를 지구의 부분들로 점차 확대해 나가던 시기에 그러했다. 이런 개편 작업이 비교적 좁은 지역에 국한되어 있는 한, 그 지역은 그로 인해 나타나는 힘의 차이를 안전밸브로 사용해, 과열을 막고 자체를 보호할 수 있었다. 그리고 지상의 나머지 지역을 자체의 지속적인 근대화 때문에 생기는 유독성 쓰레기를 처리하는 장소로 사용할 수도 있었다.

그러나 지구는 이제 포화 상태다. 이는 특히 질서를 유지하고 경제를 발전시키는 등 전형적인 근대적 과정들이 도처에서 이루어지고 있고, 따라서 '인간쓰레기'도 도처에서 만들어지고 또 점점 더 많이 배출되고 있다는 것을 의미한다. 하지만 이제는 그런 쓰레기와 잠재적 재활용품에 적합한 '자연적' 쓰레기 처리장은 존재하지 않는다. 한 세기 전 로자 룩셈부르크가 (비록 분명한 사회적 용어가 아니라 주로 경제 용어로 서술했지만) 처음으로 예상했던 과정은 이제 궁극적인 한계에 도달했다.

3

국가, 민주주의 그리고 공포 관리

최근 몇 년 사이 공포와 안전 강박증이 만연되어 가장 큰 위력을 발휘한 곳은 대체로 유럽과 유럽의 과거 식민지들, 해외의 곁가지 offshoots, 큰 가지branches, 퇴적층sedimentations 등이었다. 또한 유럽과 단순 연계Verwandschaft라기보다는 복합 연계Wahlverwandschaft 관계에 있는 일부 다른 '선진국들'도 마찬가지였다.

이는 '같은 시기'에 발생한 다른 중대한 변화들과 분리해서 보면 불가사의하게 보인다. 요컨대, 로베르 카스텔Robert Castel이 불안이 유발한 현재의 불안감anxiety을 예리하게 분석하면서 제대로 지적한 것처럼, "(적어도 선진국에 살고 있는) 우리는 역사상 가장 안전한secure(sûres) 사회에서 살고 있음이 분명하다."[1] 그러나 '객관적인 증거'와는 반대로, 기록상으로는 다른 대부분 사회의 사람들보다도 위협과 불안, 무서움을 더 많이 느끼고, 더 극심한 공포에 시달리며, 보안 및 안전과 관련된 모든 일에 더 많은 열정을 쏟아붓는 사람들이 바로 애지중지 응석받이로 자란 '우리들'이다.

지그문트 프로이트Sigmund Freud는 명백히 부적절해 보이는 공포라는 수수께끼를 마주하고는, 메마른 "현실 논리"logic of facts에 강하게 저항하는 인간의 정신psyche에서 해법을 찾아야 한다고 주장했다.[2] 인간의 고통은 (그리고 가장 성가시고 틀림없이 가장 극심한 고통의 표본인, 고통에 대한 공포도) "우월한 자연의 힘, 우리 육체의 연약함, 그리고 가족, 국가, 사회에서 인간의 상호 관계를 조정하는 규칙들의 불완전함" 때문에 발생한다.

프로이트가 지적한 처음 두 원인에 대해 말하자면, 우리는 그럭저럭 우리가 할 수 있는 일의 궁극적인 한계를 감수한다. 우리는 자연을 완전히 지배할 수 없으며, 유한한 육체를 불멸의 육체로 만들거나 시간의 무자비한 흐름으로부터 자유로운 육체로 만들 수 없다는 점을 알고 있다. 따라서 적어도 이런 영역에서는 '차선책'에 만족할 준비가 되어 있다. 그러나 이런 한계에 대한 지식은 우리를 우울하고 무력하게 만들기도 하지만 그만큼 우리에게 자극이 되고 활력을 불어넣기도 한다. 모든 고통을 다 없앨 수는 없어도 일부는 제거할 수 있고 또 다른 일부는 완화할 수 있기 때문이다. 이런 문제는 노력할 만한 가치가, 그것도 계속 노력할 만한 가치가 있다. 그러므로 우리는 가능한 최선을 다해 노력하면서 우리가 가진 에너지와 관심을 대부분 쏟아붓는다. 우리가 욕망할 수 있는 다른 개선책은 우리가 절대로 도달할 수 없는 범위에 있다고 탄식하거나 걱정하지 않으면서 말이다. 그런 시도[우리가 도달할 수 없는 곳에 도달하려는는 귀중한 시간을 낭비하게 만든다.

하지만 세 번째 유형의 고통, 즉 정말 사회적 기원을 가졌거나 그렇다고 생각되는 불행의 경우에는 사정이 크게 다르다. 인간이 만든 것은 무엇이든 인간이 개조할 수 있다. 그러므로 이런 경우에 우리는 현실 개조에 대해 어떤 한계도 받아들이지 않는다. 즉, 우리가 할 수 있는 일에 어떤 한계가 미리 설정되어 있고 최종적으로 고정되어 있어서 적절한 결정이나 선의로도 그 한계를 깨뜨릴 수 없게 되어 있을 가능성을 받아들이지 않는 것이다. "우리가 직접 만든 규칙들이 …… 우리 모두를 보호하고 모두에게 혜택이 되지 못할 이유가 없지 않은가." 그러므로 사회적으로 결정된 모든 불행은 도전이고 [권력] 남용의 문제이며 전투 준비 명령이다. 만일 '실제로 보호받을 수 있는데도' 보호받지 못하고, 혜택을 누릴 수 있는데도 이상적인 수준으로 그것을 누리지 못한다면, 제반 관계가 여전히 마음에 들지 않는다면, 또는 규칙이 그 역할(우리가 생각하기에 그것이 할 수 있다고 생각하는 바)을 다하지 못한다면, 최소한 비난받아 마땅할 만큼 선의가 부족했던 것은 아닌가 의심하거나, 적대적 음모나 책략, 범죄적 의도, 분명히 존재하지만 아직 밝혀지지는 않은 장본인이 있다고 흔히 가정한다.

카스텔도 근대의 불안은 보호가 부족해서가 아니라, "끝없이 보호를 갈구하며 안전에 집착하는 욕망에 의해 조직된" 사회적 세계에서 "보호의 범위가 불명확한 상황"ombre portée 때문이라는 점을 지적하면서, 이와 비슷한 결론에 도달한다.[3] 불안이라는 치유할 수 없는 쓰라린 경험은, 적절한 기술과 노력만 있으면 충분히 안전을 확보할 수 있다('그럴 만한 상황이 되며' '우리가 하면 된다')는 확신이 낳은 부작용이다. 그러므로 안전이 충분히 확보되지 않았다는 사실이 드러나면, 분명 어딘가에 나쁜 의도를 품은 악행이 있었기 때문이라고 생각하게 된다. 그런 일을 저지른 악당이 있는 게 틀림없다는 것이다.

다양한 근대적 불안에서 두드러지게 나타나는 특징은 인간의 악행과 악한에 대한 공포라고 할 수 있다. 공포는 다른 사람들과 그들의 의도에 대한 의심, 그리고 인간적인 동반자 관계의 항상성과 신뢰성을 불신하는 마음에서 시작되며, 궁극적으로는 계속 유지하고 신뢰할 수 있는 동반자 관계를 맺지 못하는 우리의 무능력함 그리고/또는 의지 부족에서 비롯된다.

카스텔은 이런 사태가 벌어지게 된 것은 근대의 개인화 때문이라고 말한다. 그는 근대사회가 좀처럼 벗어나기 힘든 불확실성(우발성)의 늪에 빠지게 되었다고 지적한다. 과거에는 긴밀하게 결합되어 있던 공동체와 조합들이 보호의 규칙을 정하고 그 규칙이 적용되는지 감시하는 역할을 했지만, 이제는 개인이 자신의 이해관계를 살피며, 스스로를 보호하고 구제해야 하는 상황으로 바뀌었기 때문이다. 이런 사회에서는 도처에 위험이 숨어 있다는 공포와 실존적인 불안에 대한 의식이 전염병처럼 퍼질 수밖에 없다.

근대에 이루어진 다른 대부분의 변화에서 그랬던 것처럼, 유럽은 이런 면에서도 선구자 역할을 했다. 변화로 인해 예상하지 못한 현상, 그래서 일반적으로 건전하지 못한 결과에 제일 먼저 부딪쳐야 했던 것이다. 만일 유럽에서 두 가지 변화가 동시에(이후에 다른 지역으로는 다양한 속도로 확산되었다) 발생하지 않았다면 불안에 대한 두려움은 싹트지 않았을 것이다. 카스텔의 용어에 따르면, 첫 번째 변화는 사회적 유대의 촘촘한 네트워크로 인한 속박에서 벗어난 개인들을 '과대평가'sur-valorisation4하게 된 일이었다. 그리고 두 번째 변화가 바로 그 뒤를 이었다. 과거에는 촘촘한 사회적 유대망을 통해 당연한 것처럼 개인들에게 제공되었던 보호책들이 사라져 버리면서, 이제 그들이 전례 없이 취약하고 무방비한 상태에 처하게 된 것이다.

첫 번째 변화에서 개개의 인간들은 자기 앞에 펼쳐진 공간이 흥미진진하며 매력적인 공간이라 생각했다. 그곳에서 새로 발견된 자기완성과 자기 계발의 기술들을 실험하고 실행에 옮길 수 있다고 생각했던 것이다. 그러나 개인들은 대부분 두 번째 변화 때문에 그런 매력적인 영역으로 들어갈 수 없었다. 법률상 개인individual de jure(법령에 의한 것이든 사회적 원인에 의한 무능력이 남긴 상처를 더 아프게 후벼 파는 개인적인 죄책감에 의해 만들어진 것이든)이 된다고 해서 사실적 개인성individuality de facto이 보장되는 것은 결코 아니었으며, 많은 이들은 사실적 개인이 되기 위한 싸움에서, 법률상 개인이라는 신분에 함축된 권리를 활용할 자원이 없었다.[5] 이로 인한 고통을 일컫는 말이 역량 부족에 대한 공포다. 전부는 아니더라도 많은 법률상의 개인들에게, 부적합성은 우울한 예감이 아니라 엄연한 현실이다 — 그러나 역량 부족에 대한 공포는 보편적이거나 보편에 가까운 질병이 되었다. 역량 부족을 엄연한 현실로 이미 경험했든 운이 좋아서 아직은 간발의 차이로 피하고 있든, 사회 전체는 항상 부적합성이라는 유령에 사로잡혀 있었다.

그러므로 처음부터 근대국가는 공포 관리라는 힘거운 과제에 직면했다. 근대국가는 근대적 혁명 때문에 망가진 기존의 네트워크를 대체하는, 새로운 보호 네트워크를 개발해야 했을 뿐만 아니라, 바로 그 국가가 계속해서 촉진한 근대화로 인해 새로 만든 보호 네트워크가 자신이 감당할 수 있는 것 이상으로 확장되고 결국 누더기가 되어 버렸기 때문에 이를 계속 수리해야만 했다. 일반적인 견해와는 반대로, 근대국가가 개발 목표로 내세우면서 끈질기게 추구한 '사회국가'의 핵심은 부의 재분배가 아니라 바로 보호(개인적인 불행에 대한 집단적인 보장)였다. 경제적·문화적·사회적 자본(이는 사실 노동 능력을 제외하고 개인이 가진 자산의 전부라 할 수 있으며, 혼자 힘으로는 활용할 수 없는 것들이다)을 빼앗긴 사람들에게, "보호는 집단적인 것일 수밖에 없었으며, 그렇지 않으면 아무것도 아니었다."[6]

근대 이전에 존재했던 사회적 보호망과는 달리, 국가가 고안하고 관리하는 네트워크들은 의도적으로 계획에 따라 구축된 것이거나, '견고한' 국면의 근대에 만들어졌던 다른 대규모 구축물로부터 진화한 것이었다. 첫 번째 범주의 사례로는 복지 제도와 복지 급여(때로는 '사회적 임금'이라 불린다), 국가가 직접 관리하거나 보조하는 의료 서비스와 공교육, 주택 공급, 그리고 노동계약에서 양측의 상호 권리와 책무를 낱낱이 밝혀서 피고용인의 복지와 권리를 보호해 주는 공장법 등이 있었고, 두 번째 범주의 가장 중요한 사례로는 '자본이 없는' 대부분의 사람들이 묶여 있던 '포드주의적 공장' ― 견고한 근대적 환경의 전형이라 할 수 있는 ― 의 비교적 안정된 조건에서 '자연스럽게' 뿌리를 내리고 번성한 작업장, 노동조합, 그리고 직업 연대가 있었다.

'포드주의적' 공장의 노동자-자본가 관계에서 상대방과 맺는 계약은 장기적인 상호 협정으로 양측이 서로에게 의존하도록 만들었을 뿐만 아니라, 동시에 그들에게 미래를 생각하고, 계획하고, 구속하며, 미래를 위해 투자할 수 있도록 했다. 이런 이유로 '포드주의적' 공장은 격렬한 갈등의 장소였으며, 비록 겉으로 드러나지는 않았지만 언제나 부글부글 끓고 있는 상태였다. 물론 간헐적으로 (장기적인 계약 전망과 모든 당사자의 상호 의존성 때문에, 정면충돌이 수지맞는 투자가 되고 치를 만한 희생이 될 경우에) 이런 갈등이 폭발하여 공공연한 적대감으로 바뀌기도 했다. 그러나 미래를 맡길 수 있고, 협상과 타협이 가능하며, 합의적 양식의 공존을 모색할 수 있는 안전한 은신처이기도 했다. 이런 공장에서는 업무가 분명하게 규정되어 있고, 일과는 지루하지만 안심할 정도로 안정되어 있었으며, 작업팀의 구성 변화는 더디게 이루어졌고, 일단 습득한 기술은 오랫동안 유용했기 때문에 근무 경험이 쌓일수록 높은 가치를 지닐 수 있었다. 따라서 불확실성은 완전히 제거되지는 않더라도 억제될 수 있으며, 공포도 '운명의 횡포'blows of fate와 '운명적인 사건'fatal accidents의 한계 영역으로 추방되어 일상에 스며들 수 없었다. 특히, 타인을 위해 일할 능력 외에는 그 어떤 자본도 지니고 있지 못했던 많은 이들은 집단성에 의지할 수 있었다. 연대를 통해 그들은 자신의 노동 능력을 자본의 대체물 ― 즉, 다른 모든 자본의 결집된 힘에 맞서 균형을 잡아 줄 수 있을 것이라 희망할 수 있는 그런 종류의 자본 ― 로 재구축할 수 있었다.

전후 영국에서 포괄적인 입법 조치를 통해서 '복지국가'가 확립된 직후에, 마셜T. H. Marshall이 개인적 권리의 의미를 점진적으로 해명하는 데 지침이 되었던 논리를 재구성하고자 했던 것은 유명하고도 기억할 만한 일이다. 그의 설명에 의하면,[7] 그 오랜 과정은 개인의 안전이라는 꿈에서 시작되었으며, 왕과 제후의 자의적인 통치에 저항하는 오랜 투쟁이 뒤따랐다. 왕과 제후에게는 규칙을 마음대로 선포하거나 취소할 수 있는, 따라서 궁극적으로는 기분에 따라 마음대로 할 수 있는 신성한 권리가 있었고, 이는 신민에게는 변덕스러운 운명과 별로 다를 것 없는, 통치자의 자비에 휘둘리는 삶, 통치자의 호의가 움직이는 불가사의한 방식에 따라 좌지우지되는, 언제나 불확실한 구제불능의 삶을 의미했다. 왕이나 여왕의 비위를 맞추기란 어려운 노릇이었고 그 상태를 계속 유지하는 것은 훨씬 더 어려웠다. 호의는 쉽게 철회되었기 때문에 영원히 확보하는 것은 불가능했다. 이런 불확실성은 신민의 굴욕적인 무력감으로 이어졌으며, 이는 통치자의 행동을 법의 지배 아래 종속시킴으로써 예측할 수 있게 되고 나서야 비로소 극복될 수 있었다. 이는 통치자가, 신민의 동의 없이, 법을 자유롭게 바꾸거나 정지시키는 것을 허용하지 않거나 불가능하게 함으로써 가능했다. 바꾸어 말하면, 개인의 안전은 모든 게임 참여자들을 속박하는 규칙을 도입한 후에야 획득할 수 있었다. 하지만 규칙을 보편적으로 적용한다고 모든 사람이 다 승자가 되는 것은 아니다. 과거와 마찬가지로, 게임에는 늘 운이 좋은 사람과 나쁜 사람, 즉 승자와 패자가 있기 마련이다. 그러나 최소한 게임의 규칙은 분명하게 드러나 학습이 가능했으며, 게임 도중 기분 내키는 대로 바뀌지는 않았다. 그러므로 승자는 왕의 마땅찮은 시선을 두려워할 필요가 없었다. 그들이 승리해 얻은 열매는 정말 그들이 영원히 즐길 수 있는 그들의 것이었기 때문이다. 그 열매는 양도할 수 없는 그들의 소유였던 것이다.

일신의 권리personal rights를 위한 싸움은, 통치자의 비위를 맞추고 환심을 사기 위해 값비싸고도 번거로우며 무엇보다도 믿을 수 없고 영원히 결정적이지 않은 노력을 기울이는 수고를 치루지 않고도, 이미 승리했거나 다음번 승리를 기도하고 있는 사람들이 자신이 획득한 것들을 계속 유지하고 싶어 하는 욕망으로 인해 활기를 띠게 되었다고 할 수 있다.

마셜에 따르면, 정치적 권리에 대한 요구, 즉 법을 만들 때 실질적인 역할을 담당하려는 요구가 그 다음 의제였다. 논리적 단계에 의하면 일단 일신의 권리를 얻어야만 그 권리를 지킬 필요가 생기기 때문이다. 그러나 여기서 우리는 일신의 권리와 정치적 권리가 함께해야만, 그것을 위해 싸울 수 있고, 그것을 획득할 수 있으며, 공고히 할 수 있다는 결론을 이끌어 낼 수 있다. 즉, 그 둘을 분리해서 획득하는 것도, 향유하는 것도 모두 불가능한 것이다. 그 둘의 관계는 정말 '닭이 먼저냐 달걀이 먼저냐 하는 것처럼 순환론적인 의존관계인 것 같다. 일신의 안전과 그들이 소유한 재산의 안전은 정치적 참여의 권리를 얻기 위해 효과적으로 투쟁할 수 있는 그들의 능력에 있어서 없어서는 안 될 필수 조건이지만, 구속력을 지닌 법이 그 수혜자들과 상관없이 만들어진다면, 개인의 안전과 재산의 안보를 확고히 보장하거나 지속시키기 어려울 것이다.

그 누구도 정치적 권리를 행사할 수 없다면, 그리고 그 정치적 권리를 행사할 수 있는 능력을 입법 과정에서 인정받을 수 없다면,

일신의 권리를 확신할 수 없을 것이다. 또한 그런 권리를 입법 과정에서 인정받도록 하기 위해서는 개인적으로 이용 가능하고 일신의 권리에 따라 보호받는 (경제적·사회적) 자산이 당시 권력자가 무시할 수 없을 만큼 커야 한다. 마셜에게 이는 이미 분명한 것이었지만, 파올로 플로레스 다카이스Paolo Flores d'Arcais는 이를 최근의 정치적 동향에 비추어 다시 강조할 필요가 있었다. "가난은 과거든 현재든 자포자기와 복종을 유발하고, 생존 투쟁에서 에너지를 완전히 고갈시켜 공허한 약속과 음흉한 사기 행위에 몸을 맡기게 만든다."[8] [오늘날] 일신의 권리와 정치적 권리의 상호작용은 고위층의 힘 있는 사람들, 즉 부자들을 위한 것이지 가난한 사람들을 위한 것이 아니며, "혼자 내버려둬도 이미 안전한" 사람들을 위한 것이지 "안전해지기 위해 외부의 도움이 필요한" 사람들을 위한 것이 아니다. 투표권(간접적으로는 그리고 적어도 이론상으로는, 지배자들을 구성하고 피지배자들을 속박하는 규칙을 형성하는 데 영향을 줄 수 있는 권리)을 의미 있게 행사할 수 있는 사람은 "선택(과/혹은 그 위임)의 자율성을 뿌리부터 잘라 버리는 자발적이거나 비자발적인 노예 상태에서 안전하게 벗어날 수 있는" "경제적·문화적 자원들을 소유한" 사람들 뿐이다.

정치적 권리를 행사해 일신의 권리를 확보하는 난제를 선거를 통해 해결하려 했던 사람들이 오랫동안 '부와 교육을 기준으로 참정권을 제한하려고' 한 것은 당연한 일이다. 당시에 '충분한 자유'

(즉, 입법 과정에 참여할 권리)는 오로지 "자신의 재산"[9]을 충분히 가진 사람들 — 다시 말해 생계를 위해서 자신이 의존하고 있는 장원의 영주나 고용주에 의해 일신의 자유가 제한되지 않는 사람들 — 만이 누릴 수 있는 것처럼 보였던 것이다. 정치 참여 프로젝트가 고안되고, 열광적으로든 마지못해서든 받아들여진 후 한 세기가 넘도록, '가진 자들'을 제외한 다른 이들에게 참정권을 확대하려는 시도는 그 프로젝트의 주창자들과 지지자들의 격렬한 저항에 부딪혔다. 당연히, 참정권의 확대는 민주주의의 승리가 아니라 민주주의에 대한 공격으로 간주되었다('못 가진 자들'은 재산과 사회적 지위 — 자신들과는 전혀 상관없는(이해관계가 없는) 일신의 권리들 — 를 안전하게 지키기 위해 정치 참여라는 선물을 사용하지 않을 것이라는 예감도 그런 저항에 힘을 더해 준 무언의 가정으로 작용했다).

마셜이 제시한 권리의 논리적/역사적 순서에 따르면, 정치적 권리의 단계에 이르기까지(그리고 그 단계를 포함해) 민주주의는 선택적이고 매우 제한적인 기획이었다. 즉, '민주주의'democracy라는 말의 '데모스'(인민)demos(people)가 법을 만들고 바꿀 수 있는 '힘'kratos(power)을 가진 사람들을 의미한다고 할 때, 정치적 권리의 단계에서 이는 소수의 특권층에 제한되었으며 정치적으로 형성된 국법이 속박하려는 대다수 사람들은 현실에서는 물론 법의 문구에서조차 배제되었다.

사실, 존 설John R. Searle이 최근에 우리에게 상기시킨 것처럼, 미국에서 민주주의의 설립자들이 작성한 "천부天賦의" 양도할 수 없는 권리들의 목록에 "여성의 평등한 권리 — 심지어는 투표권이나 재산 소유권조차 — 와 노예제 폐지는 포함되어 있지 않았다."[10] 나아가 존 설은 그와 같은 민주주의의 속성(이는 조심스럽게 아껴서 부여해야 할 일종의 특권이라 말할 수 있다)이 잠정적인 것이었으며, 일시적이어서 오늘날에는 해당하지 않는 것이라고 보지 않는다. 예컨대, "상당수의 사람들, 즉 실제로 다수가 불쾌하게 생각하는 견해는 늘 있게 마련이며," 따라서 [오늘날에도] 정치적 권리가 모든 시민에게 보장하려고 하는 언론의 자유를 보편적으로 보장하지 못하는 일이 발생할 수도 있다. 하지만 여기에는 훨씬 더 기본적인 사항이 추가되어야만 한다. 즉, 비록 정치적 권리가 경제력을 토대로 한 일신의 자유를 확립하고 공고히 하는 데 사용될 수 있더라도, 무산자들에게는 일신의 자유를 보장해 주기 어려울 것이라고 말이다. 그들에게는 일신의 자유를 얻거나 실제로 누리려면 반드시 필요한 자원들을 요구할 권리가 없기 때문이다.

여기서 일종의 악순환을 발견할 수 있다. 다수의 사람들이 용감하게 지킬 만한 재산이나 취득물은 겨우 몇 가지일 뿐이며, 따라서 가진 자들의 입장에서 보면 그들에게는 그런 목적에 이바지할 것으로 예상되는 정치적 권리가 필요하지 않으며, 결국 그런 권리를 부여해서도 안 된다. 그러나 이런 이유로 그런 사람들은 엄선된 유권자로 인정받지 못하기 때문에(그리고 근대 민주주의 역사 전반에 걸쳐 힘 있는 세력들은 그런 상황을 계속 유지하려고 싸웠으므로), 정치적 권리를 수여받을 자격이 있도록 만들어 줄 물질적·문화적 자원을 확보할 기회가 거의 없다. '민주주의'를 자체의 전개 논리대로 방치한다면 (실천적으로뿐만 아니라 형식적으로도 명백히) 본질적으로 엘리트들만의 사안으로 남을 것이다. 그러나 파울로 플로레스 다카이스가 정확히 지적하듯이, 이런 난제를 해결할 방법은 한 가지가 아니라 두 가지였다. "하나는 사실상 참정권을 제한해 그런 자원을 이미 갖고 있는 사람들에게만 허용하는 방법이었고, 또 하나는 풍요와 문화라는 특권들을 만인에게 보장되는 권리로 만드는 방식으로, 사회를 점진적으로 '혁신하는'revolutionizing 방법이 있었다."

베버리지 경Lord Beveridge은 바로 이 두 번째 방안에서 영감을 얻어 사회적 권리 — 민주주의 프로젝트가 결론에 도달하려면 반드시 필요한 권리의 사슬에서 세 번째 자리를 차지하는 권리 — 라는 마셜의 개념을 가장 포괄적으로 체현한 복지국가의 청사진을 제시했다. 다카이스는 베버리지 이후 반세기가 넘은 시점에 자신의 논증을 이렇게 요약하고 있다. "강력한 복지 프로그램은 모든 민주주의 프로젝트를 구성하는 필수 불가결한 일부분이 되어야 하며, 이는 헌법적으로 보호받아야 한다." 정치적 권리가 없으면 일신의 권리를 확신할 수 없다. 그러나 사회적 권리가 없으면, 정치적 권리는 법조문을 통해 그 권리를 부여받은 다수에게는 이룰 수 없는 꿈이나 쓸모없는 허구, 잔인한 농담으로 남게 된다. 사회적 권리가 보장되지 않으면, 가난하고 게으른 사람들은 형식적으로나마 소유한 정치적 권리를 행사할 수 없다. 그래서 결국 가난한 사람들은 정부가 내줄 필요가 있다고 생각하는 그리고 권력을 획득해 유지할 수 있는 진정한 정치적 힘을 가진 사람들이 용인할 만하다고 생각하는, 그런 자격entitlements만을 갖게 될 것이다. 자원이 없는 이상 가난한 사람들이 바랄 수 있는 것은 권리의 주체가 되는 것이 아니라, 기껏해야 양도되는 권리의 수혜자가 되는 것일 뿐이다.

베버리지 경은 모든 이들에게 적용되는 포괄적이고 집단적으로 보증되는 사회보장에 대한 자신의 비전이 자유민주주의의 필수 조건일 뿐만 아니라 자유주의 사상의 필연적인 결과라고 믿었으며, 이는 결과적으로 옳았다. 프랭클린 델러노 루스벨트Franklin Delano Roosevelt가 선언한 공포와의 전쟁도 비슷한 가정을 토대로 했다.

선택의 자유는 헤아린 적도 없고 헤아릴 수도 없는 실패 위험들을 수반한다. 많은 이들은 그런 위험에 대처할 능력이 없다는 점을 깨닫거나 위험에 대처하는 자신의 능력을 의심하게 되면서 그런 위험들을 참을 수 없는 것으로 간주한다. 만일 패배에 대한 공포가 공동체의 이름으로 발행된 사회보장 정책, 즉 불행이 닥칠 경우 믿고 의지할 수 있는 정책을 통해 완화되지 않는다면, 대부분의 사람들에게 선택의 자유는 잡을 수 없는 환상이나 헛된 꿈으로 남게 될 것이다. 그것이 환상으로 남아 있는 한, 가망이 없다는 고통은 불운하다는 굴욕감으로 발전할 것이다. 사람들이 삶의 도전 거리들을 다루는 능력은 매일매일 시험대에 오르며, 그 과정에서 자기에 대한 확신이 형성되었다가도 없어지는 과정이 반복된다.

집단적으로 보증된 사회보장이 없으면, 가난하고 게으른 사람들(그리고 더 일반적으로는 도태될 위험이 있는 약자들)을 정치에 참여하게 만들 (그리고 확실히, 선거라는 민주주의적 게임에 참여할) 자극제가 없다. 사회국가도 아니고 그런 국가가 될 수도 없는 정치 국가political state에서 구원 방안을 제시할 가능성은 없다. 만인을 위한 사회적 권리가 없으면, 대다수의 사람들 — 그리고 그 수는 더 많아질 것이다 — 은 정치적 권리가 쓸모도 없고 관심을 가질 가치도 없다는 점을 깨닫게 된다. 만일 사회적 권리가 자리 잡는 데 정치적 권리가 필요하다면, 정치적 권리가 계속 유지되기 위해서는 사회적 권리가 반드시 필요하다. 이 두 권리는 자체의 존속을 위해 서로를 필요로 한다. 그러므로 그 둘의 존속은 그 둘의 공동 작품일 수밖에 없다.

역사적 기록들이 보여 주는 것처럼, 선거권이 확대될 때마다 사회는 포괄적인 — '완벽한' — 사회국가를 향해 한걸음씩 앞으로 나아갔다. 비록 최종 목적지는커녕, 대략의 윤곽이라도 그리기 위해서는 수많은 세월과 치열한 논쟁을 거쳐 훨씬 더 야심찬 법률들을 만들어야 했지만 말이다. 점점 더 많은 범주의 인구에게 선거권이 허용됨에 따라, 정당이 선거에서 이기려면 만족시켜야 할 '중위 투표자들'median voter은 사회의 스펙트럼에서 상대적으로 많이 박탈당한 부분 쪽으로 착실하게 옮겨 갔다. 그런데 어떤 지점에서, 비록 전혀 예상하지 못했던 현상이지만, 중요한 변화가 나타났다. 이미 누리고 있는 일신의 권리가 철회되거나 조금이라도 수정되는 일이 일어나지 않도록 확실히 하기 위해 정치적 권리를 추구하는 사람들과, 아직 갖지 못한 일신의 권리를 획득하기 위해 정치적 권리가 필요한 이들, 또는 설혹 일신의 권리가 부여되더라도(혹은 이 문제의 경우 정치적 권리가 허용되더라도 마찬가지다) 사회적 권리가 수반되지 않으면 쓸모가 없다는 점을 깨달은 사람들을 구분하던 선이 무너진 것이다.

이 시점에서 정치적 게임의 판도는 획기적인 변화를 겪었다. 근대 민주주의의 과제는 이미 존재하는 사회 현실에 맞게 정치적 제도와 절차를 조정하는 것에서, 정치적 제도와 절차를 적절히 배치해 사회적 현실을 개혁하는 것으로 옮아갔다. 다시 말해, 사회 세력들이 이루고 있는 균형을 그대로 유지해야 하는 과제에서 그 균형을 바꿔야 하는 과제로 바뀌었다는 얘기다. 역설적이게도, 근대 민주주의는 지금까지 밟아 온 순서를 역전시켜야 하는 과제에 직면한 것이다. 그 한계점을 넘어선 결과는 지금까지 마주쳐 본 적이 없는 낯선 과제로, 정치적 권리를 사용해 단순히 일신의 권리들을 확증하고 안정시키는 것이 아니라, 그 권리를 만들어 내서 보장하는 것이었다. 또한 '사회국가'라는 새로운 형식 속에서 정치체body politics는, 정치적 보호막을 갈구하는 기존의 '시민사회'에서 성장하는 대신에, 시민사회의 토대를 새로 놓거나 그 토대를 확장해 지금까지는 놓쳐 왔던 사회의 일부를 수용해야 하는 과제에 직면했다.

근대 특유의 공포는 탈규제-겸-개인화가 이루어지는 동안에, 즉 아득히 먼 옛날부터 존속되어 온 공동체나 조합을 매개로 한 인간 상호 간의 연대감이나 이웃 간의 유대가 느슨해지거나 깨진 순간에 나타났다. 견고한 근대의 공포 관리 양식은 회복할 수 없을 정도로 망가진 '자연적인' 유대를, 결사체와 조합, (일상생활과 이해관계를 공유함으로써 통합되어 있는, 단기적이지만 준-영구적인) 집합체와 같은 형태의 인위적인 등가물로 바꾸어 놓는 경향이 있었다. 즉, 점점 위험해지는 운명으로부터 보호해 주는 주요 보호막으로서의 역할을 이제는 [자연적] 소속belonging이 아닌 연대solidarity가 물려받게 된 것이다.

연대가 사라지면서 견고한 근대 시기에 이루어지던 공포 관리는 막을 내렸다. 이제는 인위적으로 관리되는 근대적 보호 장치들이 느슨해지거나 해체되거나 무너졌다. 근대적 재편이 제일 먼저 이루어졌고 그 모든 결과를 제일 먼저 겪은 유럽은 이제 미국과 아주 비슷하게 탈규제-겸-개인화를 겪고 있다. 하지만 이번에 이는 스스로 선택한 것도 아니고, 더 이상 규제할 수도, 저지하는 것은 바랄 수도 없게 된 전지구적 세력의 압력에 굴복한 결과이다.

그러나 이런 두 번째 탈규제에는 새로운 사회적 형태의 공포 관리가 뒤따르지 않았다. 새로운 불확실성이 내뿜는 공포에 대처해야 하는 과제도, 공포 자체와 마찬가지로, 탈규제화되고 '부수적인 것'이 되어 지역적 자발성이나 [개인의] 노력에 맡겨지거나 많은 부분이 민영화되었다. 즉, 그 과제는 상당 부분 '생활 정치'라는 영역으로 넘어가 개인의 관심이나 재간에 맡겨지거나 시장 — 통제는커녕 어떤 형태의 공동체적(정치적) 간섭에도 불쾌해 하고 효과적으로 저항하는 — 에 내던져진 것이다.

일단 경쟁이 연대를 대신하면, 개인들은 자기만이 가진 — 가련할 정도로 빈약하고 불충분한 — 자원에 탐닉하고 있는 자신을 발견하게 된다. 집단적인 유대의 붕괴와 해체는 그들을 (동의도 구하지 않은 채) 법률상의 개인으로 만들었다. 하지만 그들이 자신들의 삶을 꾸려 나가면서 배우게 되는 것은, 오늘날의 현실이 그들이 상정하고 있는 사실상의 개인 모델로 나아가는 길을 가로막고 있다는 사실이다. 이제는 대다수 개인들이 기본적으로 보유할 수 있는 물질과 도구, 기술을 다 합한다 하더라도 스스로 삶을 효율적으로 꾸려 나가면서도 믿고 신뢰할 수 있을 만큼 안전을 보장해 공포로부터 진정 자유롭기 위해 필요한 자원을 확보할 수 없게 되었으며, 그 격차는 점점 확대되고 있다.

로베르 카스텔은 위험 계급dangerous classes11이 다시 등장하고 있음을 시사하고 있다. 그러나 첫 번째 위험 계급의 등장과 두 번째 위험 계급의 귀환은 기껏해야 부분적인 유사성만 보일 뿐이다. 이에 대해 살펴보자.

원래 '위험 계급'은 일시적으로 배제되어 아직은 사회에 재편성되지 못한 잉여 인구로 이루어져 있었다. 이들은 경제 발전이 가속화되면서 '유용한 기능'을 박탈당한 동시에, 유대망이 빠르게 해체되면서 보호도 받지 못하게 된 존재였다. 하지만 적절한 때가 되면 다시 통합되어, 그들의 억울함은 눈 녹듯 사라지고 '사회질서' 내에서의 이해관계 역시 복구될 수 있으리라는 희망을 품을 수 있었다. 반면에, 새로운 '위험 계급'은 다시 흡수되기에는 부적합하다고 인식되어 사회의 일원으로 다시 편성될 수 없다고 선언된 사람들이다. 그들이 '복귀'한 후에 수행할 쓸모 있는 기능이 전혀 없기 때문이다. 그들은 단지 남아도는 존재가 아니라 불필요한 존재다. 그들은 영원히 배제된 것이다(유동하는 근대가 영원성을 허락하는 경우는 매우 드물지만, 이 경우엔 이런 영원성을 허용할 뿐만 아니라 적극적으로 추진한다). 오늘날의 배제는, 회복할 수 있는 순간적인 불운의 결과로 인식되기보다는 변경 불가능한 종착지라는 의미를 지닌다. 오늘날 추방은 일방적인(그리고 그렇게 인식되는) 경우가 점점 많아진다. 일단 불에 타버린 다리가 다시 복구될 가능성은 거의 없다. 근대의 배제된 이들을 "위험 계급"으로 만드는 것은 이와 같이 그들의 축출이 돌이킬 수 없는 성격을 지니고 있으며, 평결에 대해 항소할 기회는 희박하기 때문이다.

배제의 돌이킬 수 없는 성격은 사회국가의 해체가 낳은 예측하지 못했지만 직접적인 결과다. 사회국가는 기존 제도들의 그물망이었지만, 훨씬 더 중요한 것은 그것이 현실을 판단할 수 있도록 해주는 이상이자 활동을 자극하는 프로젝트였다는 점이다. 이런 이상이 평가절하되고 프로젝트가 위축되고 축소되는 모습은 결국, 구원의 기회가 사라지고 항소할 권리가 철회되고, 따라서 희망이 점점 사라지고 저항 의지가 시드는 것을 예고한다. 실직은 미고용 상태'un'employed(고용 기준에서 벗어났으나 치료가 가능하고 또 마땅히 치료되어야 하는 일시적인 고통을 함축하는 용어)라는 느낌보다는 점점 더 '불필요한 존재' — 추방되어 남아도는, 쓸모없고 고용 불가능한 사람으로 낙인 찍혀 '비경제활동' 인구로 남아야 하는 운명 — 가 되어 버린 상태라는 느낌이 점점 강해진다. 실직은 처리 가능한 상태, 즉 '경제적 진보' — 결국 똑같은 일을 해 동일한 경제적 결과를 낳지만, 이전보다 더 적은 노동력과 '노동 비용'을 투입하도록 들볶아 대는 변화 — 의 부산물인 쓰레기로 이미 영원히 처리되거나 그렇게 분류된 상태임을 함축한다.

오늘날에는 실직자, 특히 장기 실업자와 '최하층 계급'의 블랙홀로 떨어진 사람의 차이는 종이 한 장 차이일 뿐이다. '최하층 계급'은 모든 합법적인 사회적 신분에 들어맞지 않는 사람들, '정상적인' 사회 구성원들이 수행하는, 인정받고 공인되고 유용하며 반드시 필요한 기능이 없는 탓에 계급의 바깥에 버려진 사람들, 사회생활에 아무 도움도 되지 못하고, 오히려 없어도 사회는 잘 굴러갈 수 있고, 제거되어야 사회가 얻는 것이 있게 되는 사람들을 말한다.

'불필요한' 사람과 범죄자도 그에 못지않게 차이가 없다. '최하층 계급'과 '범죄자'는 추방당한 사람들 혹은 '사회 부적합자', '반사회적 요소'에 속하는 두 하위 범주일 뿐이다. 그들은 자신의 입장과 행동에 따라 구분되기보다는 그들이 받는 대우와 공식적인 분류에 따라 구분된다. 실직자와 마찬가지로 범죄자(즉, 수감되거나, 기소되어 재판을 기다리거나, 경찰의 보호를 받거나, 단순히 경찰 명부에 오른 자)는 더 이상 정상적인 사회생활로부터 잠시 추방되어 가까운 기회에 '재교육'을 받고 '복귀'되어 '공동체로 되돌아갈' 사람으로 간주되지 않는다. 그들은 영원히 사회적으로 무시되고, '사회적 재활용'에 부적합하며, 오랫동안 재미 삼아 감금되어야 하는, 법을 준수하는 공동체에서 격리되어야 할 사람으로 간주된다.

4

생활공간의 분리

인구밀도가 높고 주민들 사이에서 상호작용 및 의사소통이 활발히 이루어지는 지역을 우리는 '도회적'이라 묘사하고 '도시'cities라 부른다. 오늘날 이런 지역은 사회가 만들어 내고 길러 놓은 불안이 집약적으로 매우 분명하게 나타나는 장소이기도 하다. 또한 매우 긴밀한 인간적 상호작용이, 불안이 낳은 공포를 떠넘길 배출구와 대상을 찾고자 하는 경향과 부합하는 장소도 바로 '도시'라 불리는 곳이다. 비록 이런 경향이 항상 그런 장소에만 나타나는 독특한 특징은 아니지만 말이다.

근대 도시의 동향에 대한 가장 예리한 연구자 가운데 한 사람이자 통찰력 있는 분석가인 낸 엘린Nan Ellin이 지적하는 것처럼, 위험으로부터의 보호는 "메소포타미아의 고대 촌락에서부터 중세 도시를 거쳐 아메리카 원주민 정착촌에 이르기까지, 보통 거대한 담이나 울타리에 의해 경계가 규정된 도시들을 건설하게 만든 주된 유인이었다."[1] 벽과 해자垓字, 방책防柵은 '우리'와 '그들', 질서와 무질서, 평화와 전쟁을 구분하는 경계였다. 담장 저편에 머물기만 하고 들어오도록 허락 받지 못한 사람이 바로 적이었다. 그러나 도시는 '비교적 안전한 장소이기는커녕' 최근 1백여 년 동안 '안전보다는 위험을' 연상케 하는 장소가 되었다.

기이하게도 역사적 역할과는 반대로, 그리고 본래 도시 건설자들의 의도와는 다르게, 오늘날 도시는 위험을 막아 주던 피난처에서 위험의 주요 근원으로 빠르게 변하고 있다. 디켄Blent Diken과 러스첸Carsten Bagge Laustsen은 이렇게까지 주장한다. 천 년 동안 "문명과 야만의 관계가 역전되었다. 도시 생활은 도처에 공포fear가 도사리고 있는, 두려움terror이 지배하는 자연 상태로 바뀌었다."[2]

오늘날에는 위험danger의 원천이 거의 완전히 도시로 옮겨 와아예 정착했다고 할 수 있다. 이제는 친구들 — 뿐만 아니라 적들도, 그리고 무엇보다 친구가 되는가 하면 때로는 적으로 돌변해 위협적인 존재가 되기도 하는, 파악하기 어려운 정체불명의 이방인들 — 이 도시의 거리에서 사람들 틈에 섞여 어깨를 부딪치며 살고 있다. 이제는 불안과의 전쟁, 특히 개인의 안전을 위협하는 위험이나 리스크와의 전쟁이 도시 안에서 벌어지면서, 한편에서는 전장이 형성되어 전선이 그려지고 있다. 이방인들을 분리해 떼어 놓고들어오지 못하게 막는 것을 목적으로 하는 중무장한 참호(건널 수없는 접근로들)와 벙커(요새화되어 경비가 강화된 빌딩이나 복합 건물들)가 근대 도시의 가장 두드러진 양상이 되고 있다. 하지만 이는 다양한 형태로 나타나며, 이를 설계한 이들은 자신들의 작품을 도시의 풍경 속에 섞어 놓음으로써 비상 상태를 '정상화'한다. 그리고 도시의 주민들은 그 안에서 안전에 집착하면서도 끊임없이 안전을 확신하지 못한 채 살아간다.

굼퍼트Gary Gumpert와 드러커Susan Drucker는 이렇게 이야기한다. "우리를 직접 에워싸고 있는 것들로부터 격리될수록 우리는 더욱더 그 환경을 감시하는 데 매달린다. …… 이제 세계 전역의 많은 도시에서 가정은 사람들을 지역공동체로 통합하기 위해서가 아니라 주민들을 보호하기 위해서 존재한다."[3] 오늘날 도시의 생존 투쟁에서 가장 일반적으로 나타나는 전략은 분리와 거리를 유지하는 것이다. 투쟁의 결과는 자발적 도시 게토와 비자발적 도시 게토의 양극 사이에 존재하는 연속체continuum에서 구성된다. 생계 수단이 없는 이들, 그래서 나머지 주민들이 안전을 위협하는 잠재 요소로 간주하는 사람들은 도시의 살기 좋고 쾌적한 지역에서 강제로 추방되어 게토와도 같은 분리 구역으로 몰려드는 경향을 보인다. 자원이 많은 주민은 스스로 선택해서 구입한, 역시 게토를 닮은 격리 지역으로 들어가서는 다른 모든 사람들은 그곳에 정착하지 못하게 막는다. 게다가 그들은 자원을 최대한 동원해 자신의 생활 세계lifeworld를, 그 도시의 나머지 주민들의 생활 세계로부터 차단한다. 그들의 자발적 게토는 점점 더 치외법권적인 전초기지나 주둔지로 바뀌고 있다.

"그곳에 사는 사람들은 자신들의 의사소통 공간을 국제적 영역으로 확장하면서, 보통은 이와 동시에 점점 '지능화되는' 안보 기반 시설을 이용해 자신들의 보금자리를 공적 생활과는 동떨어진 곳으로 만들어 버린다." 스티븐 그레이엄과 마빈Simon Marvin은 이렇게 지적한다.[4]

사실상 전 세계 모든 도시에서 도시의 지역적 한계는 물론 일국적·국제적, 심지어는 전지구적 거리distances도 뛰어넘어 '가치 있는' 다른 공간과 강력하게 연결된 공간과 구역이 등장하기 시작했다. 그러나 이와 동시에, 그와 같은 장소들에서는 물리적으로는 가까이 있으나 사회적·경제적으로는 멀리 떨어져 있는 장소들과 사람들로부터는 지역적으로 단절되어 있다는 의식이 점점 분명해지고 있다.[5]

전지구적 엘리트가 거주하며 사용하는 특권적 도시 공간—'가상 연결성'virtual connectedness 속에서 나타나고 그것을 수단으로 하여 유지되는, 엘리트가 획득한 '내부 유배지'—의 새로운 물리적 치외법권성은, 서로 연결되지 못하고 버려진 공간을 쓰레기로 만든다. 슈바르처Michael Schwarzer가 "유령 병동"the ghost wards이라고 한 이 공간은 "꿈이 악몽으로 대체되고, 위험과 폭력이 가장 일반화된"[6] 장소다. 지역적 순수성이 새어나가고 오염되는 것을 막고자 폐쇄적 상태를 유지하려는 의도에서 거리를 두는 것이라면, 무관용 정책policy of zero tolerance은 노숙자들을 가시적인 공간(이런 공간에서 그들은 생계를 꾸릴 수 있지만, 이를 위해서는 그 자신을 눈에 거슬리고 성가신 존재로 가시화해야 한다)으로부터 비가시적인 공간(여기서는 생계를 유지하지 못하고, 자신을 눈에 거슬리는 성가신 존재로 가시화하지도 못한다)으로 추방하는 것과 더불어 매우 유용한 해법이 된다. '범행 대상을 찾아 기웃거리는 자'와 '스토커', '빈둥거리는 사람', '눈에 거슬리는 거지', '유랑자' 및 여타의 '무단 침입자'는 엘리트의 악몽에 출연하는 가장 불길한 등장인물이 되었다.

마누엘 카스텔이 최초로 주장한 것처럼, 양극화는 점점 심화되고 있으며, 도시 주민을 두 범주로 구분하는 생활 세계 사이의 의사소통은 훨씬 더 완벽하게 단절되고 있다.

상류층의 공간은 보통 전지구적인 통신 수단들과 방대한 교환 네트워크에 연결되어 있기 때문에 전체 세계를 포괄하는 메시지와 경험에 대해 열려 있다. [반면에-옮긴이] 스펙트럼의 반대 쪽 끝에 있는, 보통은 종족을 중심으로 이루어진, 분할된 지역 네트워크들은 자신들의 이해관계와 궁극적으로는 자신의 존재를 방어하기 위해 가장 소중한 자원인 정체성에 의존한다.[7]

이 말을 들으면 격리되어 서로 떨어져 있는 두 생활 세계 중 하나의 그림이 떠오른다. 둘 중에서 오직 두 번째 세계만이 지역적으로 제한되어 있으며 전통적인 지형학에서 사용하는 일상적이고 실제적인 개념망으로 포착될 수 있다. 별개의 두 생활 세계 중 첫 번째 세계에서 사는 사람들은 다른 사람들처럼 육체적으로 '그 장소에 서$^{in}$' 살지는 몰라도 '그 장소에 속하지$^{of}$' 않는다. 즉, 정신적으로는 물론이고, 원할 때는 몸도 그곳에 없다.

'상류층' 사람들은 관심사가 다른 곳에 있기 때문에(아니 그보다는 떠돌고 표류하기 때문에) 거주지에 대해서는 소속감을 느끼지 않는다. 그들은 홀로 남겨져 존재하며, 매우 자유로워서 자기만의 소일거리에 완전히 몰두할 수 있고, 일상적인 안락함(어떻게 정의를 내리든)을 누리는 데 필요한 서비스는 언제든지 보장되어 있으므로, 자신들의 거처가 위치한 도시에 대해서는 관심이 없다. 과거의 도시 엘리트나 공장 소유자, 또는 소비재와 아이디어를 파는 상인에게, 도시 주민은 그들이 풀을 뜯는 초원이고 부의 원천이었으므로 관리하고 보살피며 책임져야 할 보호 대상이었으나 이제는 그렇지 않다. 대체로 오늘날의 도시 엘리트는 '그들의' 도시 일에는 무관심하다. 그 도시는 단지 많은 지역 가운데 하나에 지나지 않는다. 비록 가상의 세계지만 그들의 진정한 본향인 사이버 공간의 관점에서 볼 때 그런 지역은 작고 무가치하다. 최소한 그들은 관심을 가질 필요가 없으며, 만일 그들이 관심을 갖지 않기로 결정한다 하더라도 어떤 것도 그들로 하여금 관심을 보이도록 강요할 수 없다.

'하류층' 도시 주민의 생활 세계는 상류층의 세계와 정반대다. 날카롭게 대립된다. '상류층'과 가장 확연히 대조적인 하류층의 특징은, 상류층 사람들이 연결되어 그 삶이 조율되는 전 세계적 의사소통 네트워크로부터 차단되어 있다는 데 있다. 하류층의 도시 주민은 '지역에 머물 운명이다.' 그러므로 '지역적인 일'에 대한 불만과 꿈, 희망에다 관심의 초점을 맞출 수밖에 없다. 그들이 치열하게 생존과 적절한 장소를 차지하기 위한 싸움을 벌이고 가끔은 승리하지만 대부분은 패배하게 되는 무대는, 바로 그들이 거주하는 도시의 안쪽인 것이다.

테레사 칼데이라Teresa Caldeira는 브라질 제2의 도시이자 현재 사람들로 북적거리며 빠르게 확장 중인 상파울루에 대해 이렇게 쓰고 있다.

오늘날 상파울루는 담장의 도시가 되어 있다. 단독주택과 아파트, 공원, 사무실 건물, 학교 등 모든 곳에 물리적인 장벽을 쌓았다. …… 새로운 안전 미학이 모든 건축 형태를 결정하고 새로운 감시 논리와 거리distance를 부여하고 있다……[8]

경제적인 능력이 있는 사람들은 누구나 '콘도미니엄'을 구입해 거처로 삼는다. 본래 콘도미니엄은 물리적으로는 도시 안에 있으나 사회적·정신적으로는 도시 밖에 있는 은둔처로 만들어진 것이었다. "폐쇄된 공동체는 분리된 세계가 되도록 되어 있다. 이에 대한 광고들은 이런 공동체가 제공하는 '총체적인 삶의 방식'이 도시와 열악한 공공 공간이 제공하는 삶에 대한 대안을 보여 줄 것이라고 말한다." 콘도미니엄의 가장 두드러진 특징은 "도시로부터의 격리와 거리이다. …… 격리는 사회적으로 열등한 사람들로부터의 분리를 의미한다." 그리고 개발업자와 부동산 중개업자가 주장하는 것처럼 "그 분리를 보장하는 주된 요소는 안전이다. 이는 콘도미니엄을 에워싼 울타리와 담장, 하루 24시간 출입구를 통제하는 경비원, 그리고 타인의 접근을 막아 주는 일련의 시설과 서비스를 의미한다."

우리 모두 아는 것처럼 울타리에는 양쪽이 있다. …… 울타리는 그렇지 않았으면 균일했을 하나의 공간을 '안'과 '밖'으로 갈라 놓는다. 그러나 울타리 한쪽의 사람이 볼 때 안쪽인 곳은 반대편 사람에게는 '바깥쪽'이다. 콘도미니엄의 거주자는 혐오감과 당혹감을 주는 사람들, 소란스럽고 거친 도시 생활 때문에 어렴풋하게 위협적으로 느껴지는 사람들을 울타리 '밖'에 두고, 평온하며 안전한 오아시스 '안'에 머문다. 그러나 똑같은 이유로 그들은 다른 모든 사람들을, 품위 있고 안전한 장소 — 자신들이 기꺼이 유지하고 필사적으로 방어하기로 결심한 생활 표준을 갖춘 — 로부터 몰아내고, 아무리 비용이 많이 들어도 자기들은 피하려고 하는, 더럽고 지저분한 거리로 몰아넣는다. 울타리는 힘 있는 상류층의 '자발적 게토'와 빈털터리들의 수많은 강요된 게토를 갈라놓는다. 자발적 게토 거주자의 입장에서 보면 다른 게토는 '가고 싶지 않은' 공간이다. 비자발적 게토 거주자의 입장에서 보면 그들이 (다른 모든 곳에서 배제됨으로써) 갇혀 있는 지역은 '밖으로 나가는 일이 허용되지 않는' 공간이다.

분석의 출발점으로 돌아가 보자. 도시를 건설한 본래의 목적은 모든 주민에게 안전을 제공하려는 것이었으나 오늘날에는 그 도시가 안전보다는 위험을 더 많이 연상하게 만드는 곳이 되었다. 낸 엘린의 말을 다시 인용하면 "공포 요인은 [도시를 건설하고 재건축하는 과정에서] 확실히 증가했다. 이는 자동차 경보 장치와 주택의 문들, 무인 경비 시스템이 증가하는 상황이나 모든 연령층과 소득 집단에게 인기를 얻고 있는 '안전한' '빗장' 공동체, 공공 공간에 대한 감시가 점점 늘어나는 현실 등에서 잘 알 수 있다. 물론 대중매체가 위험에 관한 보도를 끝없이 쏟아 내는 것에 대해서는 말할 필요도 없다."[9]

개인의 신체와 재산에 대해 실제 존재하는 위협과 앞으로 위협이 될 것으로 추정되는 요인들은 이제 사람들이 자기가 살게 될 공간의 장단점에 대해 심사숙고할 때 가장 중요한 조건이 되어 가고 있다. 부동산 마케팅 정책에서도 이런 조건들은 가장 큰 비중을 차지한다. 불확실한 미래, 불안한 사회적 지위, 실존적 불안 등 —

이는 '유동적 근대' 세계에서의 삶이 언제나 동반하는 요소로, 외 딴 곳에 뿌리를 두고 있으며, 따라서 개인의 통제를 벗어나 있다 — 은 가장 가까이에 있는 대상을 표적으로 삼는 경향이 있으며, 개인의 안전에 골몰하게 만든다. 이런 종류의 관심이 응집되어 분리주의적이고 배제적인 충동으로 변화할 경우 도시 공간은 거침 없이 전쟁으로 치닫게 된다.

도시 건축과 생활양식에 대한 예리한 비평가인 스티븐 플러스티Steven Plusty의 통찰력 있는 연구를 통해 알 수 있는 것처럼, 미국 도시의 혁신적 건축업자들과 도시 개발자들에게는 그런 전쟁을 수행하면서, 특히 현존하는 악한들과 그럴 잠재력이 있는 사람, 그러리라고 추정되는 사람들을 특권적인 공간에 접근하지 못하도록 막고 안전한 거리 밖에 묶어 두는 방법을 고안해 내는 일이 가장 중요한 관심사로 급부상하고 있다.[10] 도시의 생활양식이 만들어 낸 새로운 상품들 가운데 가장 자랑스럽게 홍보되고 널리 모방되는 것은 "잠재적 이용자들을 걸러 내거나 중간에서 가로막거나 차단하도록 설계된" "금단의 공간"interdictory spaces이다. 분명히 "금단의 공간"을 만드는 목적은 구분하고 격리하며 배제하려는 것이지, 교량과 편안한 통행로와 만남의 자리를 만들어 의사소통을 촉진하는 등의 방법으로 도시 주민들을 하나로 묶으려는 것이 아니다.

플러스티가 도시의 건축과 생활양식이 만들어 낸 발명품으로 열거한 것들은 근대 이전 도시의 성벽에 있었던 해자와 작은 탑,

총안銃眼을 기술적으로 갱신해 놓은 것이다. 그러나 이런 것들을 만든 목적은 외부의 적으로부터 도시와 주민을 지키기 위해서라기보다는 다양한 유형의 도시 주민을 서로 구분해 떼어 놓으려는(그리고 소소한 피해를 막고자 하는) 것이다 — 또한 일단 공간을 격리해 주민들이 적대적인 신분으로 분리된 후에는 일부 주민을 나머지 주민으로부터 보호하려는 것이기도 하다. 이외에도 플러스티가 명명한 다양한 "금단의 공간"에는, "접근 통로가 뒤틀려 있거나 길게 연장되어 있거나 엇갈려 있어서 도달할 수 없는" "비탈 공간"slippery space 혹은 "어슬렁거리는 사람이 보이면 작동하도록 담장에 실수기가 장착되어 있거나, 앉지 못하게 비탈지게 만들어 놓은 바위 턱 같은 방어 장비를 갖추고 있어서 쉽게 접근할 수 없는" "가시밭 공간"prickly space, "순찰 경비원 그리고/또는 보안 담당실로 연결되는 원격 기술을 이용해 적극적으로 모니터하기 때문에 이를 이용할 경우에는 반드시 감시를 받아야 하는" "신경증 공간"jittery space 등이 있다. 이를 비롯한 "금단의 공간들"은 오로지 한 가지 — 하지만 [여러 가지개] 혼합되어 있는 — 목적만을 지니고 있을 뿐이다. 즉, 고립된 치외법권적 공간을 연속적인 도시 영토로부터 단절시키기 위한 것이며, 이는 다시 말해 초영토적supraterritorial 전지구적 엘리트들이 정신적으로는 물론이고 육체적으로도 지역으로부터 독립되고 격리되어 있는 자신들의 속성을 잘 다듬고 가꾸고 즐길 수 있는, 작고 다부진 요새를 세우려는 목적이다. 도시에서 "금단의 공간"은 사람들이 지역을 기반으로 삶을 공유하는 공동체 생활이 와해되었음을 보여 주는 지표가 되었다.


새로운 엘리트(한 장소에 자리를 잡고 있으나 전자구적 사고 방식을 갖고 있어 거주 지역과는 느슨하게만 연결되어 있는)는 과거에 지역 주민들과 맺었던 연계로부터 벗어났으며, 따라서 이탈자들의 현재 및 과거의 생활공간과 남겨진 사람들의 생활공간 사이에는 정신적으로나 의사소통 측면에서나 간격이 나타났다. 이는 근대가 '견고한' 단계에서 '유동적' 단계로 이행하면서 나타난, 가장 중요한 사회적·문화적·정치적 변화일 것이다.

앞에서 서로 분리되어 있는 모습을 그린 그림은 많은 진실을 담고 있으나 이것이 다는 아니다.

사실 이 그림에는 오늘날 도시 생활의 가장 핵심적인(그리고 결국은 가장 큰 영향을 미칠) 특성에 대한 설명이 빠져 있거나 제대로 그려지지 않고 있다. 즉, 도시지역의 정체성들은 이른바 지구화하는 압력과 긴밀히 상호작용하면서, 협상되고 구성되고 재구성된다는 것이다. 이는 좀 더 악명 높은 도시 생활의 요소들 가운데서 그 어떤 것보다 중요하다.

'상류층'upper tier이 [지역사회에서] 이탈하는 것이 궁극적으로 시사하는 것과는 대조적으로, 오늘날의 삶의 조건과 생활 정치에서 나타나는 [상류층의] '전지구적'인 측면과 [하류층의] '지역적' 측면을, 어쩌다가 간헐적으로만 의사소통하는 두 개의 서로 명확히 분리되고 밀폐된 공간의 성격으로 생각하는 것은 잘못이다. 최근에 발표된 연구에서 마이클 피터 스미스Michael Peter Smith는 "전지구적 경제 흐름의 역동적이지만 장소에 구애받지 않는 논리"를, "세계-내-존재"being-in-the world의 "생활 장소"라는 "가치가 부여된" "장소 및 지역 문화의 정적인 이미지"와 대립시키는 견해(그가 보기에는 데이비드 하비David Harvey와 존 프리드먼John Friedman이 이런 주장을 하고 있다)[11]에 반대한다.[12] 스미스 자신의 견해에 따르면 "지역성은 '존재'나 '공동체'의 정적인 존재론을 반영하기는커녕 '형성되는 과정에 있는' 역동적인 구성물이다."

사실 전지구적 운영자들global operators이 거주하는 '알려지지 않았지만 어딘가에는 존재하는'somewhere in the nowhere 추상적인 공간을, '지역 주민들'이 살고 있는 분명히 실재하며 지극히 현실적인 '지금 여기의' 공간과 구분하는 일은 이론상으로나 가능한 일이다. 도시 생활의 현실은 그런 산뜻한 구분을 용납하지 않는다. 사람들이 사는 공간에 경계를 긋는 일을 놓고 끊임없이 논쟁이 벌어지고 있으며, 그 문제를 해결하기 위해 도처에서 수많은 전선이 형성되어 전투가 벌어지고 있다. 선을 긋는 일은, 언제나 선을 다시 긋고 지워야 할 위험을 무릅쓴, 잠정적이고 일시적인 일이다. 또한 그렇기 때문에, 경계 짓기는 생활이 불안해 나타나는 광범위한 긴장으로부터 벗어날 수 있는 자연적 탈출구를 제공한다. 매우 불안정한 경계를 강화하고 안정화하려는 노력은 끊임없이 존재했으나 헛된 일이었으며, 오히려 만연된 공포를 편견과 집단적 적대, 간헐적 대립, 계속해서 들끓는 적개심으로 바꾸어 놓는 결과만 낳았다. 게다가 빠른 속도로 지구화되어 가는 세상에서는 순수하고 소박한 '전지구적 운영자'라고 진심으로 주장할 수 있는 사람도 없다. 전지구적인 영향력을 행사할 수 있고 전 지구를 누비고 다니는 엘리트 계급이 할 수 있는 일은, 기껏해야 자신들의 운신의 폭을 넓히는 것뿐이다.

조건이 나빠지거나 그들이 머물고 있는 도시의 주변 공간이 관리하기 어려울 정도로 위험하다고 판단되면, 그들은 다른 도시로 옮겨 갈 수 있다. 그들에게는 (물리적으로) 가까이에 존재하는 이웃들에게는 없는 선택권이 있는 것이다. 좀 더 선뜻 받아들일 수 있는 대안을 선택할 수 있다는 점에서 이들은 다른 사람들에게는 그저 꿈일 뿐인 독립성을 누리며, 다른 사람들은 누릴 수 없는 사치인 초연함을 누릴 수 있다. 지역과의 연계를 일방적으로 깰 수 없는 사람들에 비해, 이들은 '도시 문제를 바로잡는' 데 별반 이해관계가 없으며, 따라서 이를 위해 헌신하려 하지 않는다.

그러나 그렇다고 해서 전지구적으로 연결되어 있는 엘리트들이 '의미와 정체성'(엘리트들 역시 옆 사람 못지않게 필요로 하고 갈망하는)을 추구하는 데 있어, 자신들이 (비록 일시적이고 '당분간'이긴 하지만) 거주하고 일하는 장소를 무시할 수 있다는 뜻은 아니다. 다른 모든 이들처럼 그들도 도시 풍경의 일부일 수밖에 없으며, 삶을 추구하는 과정에서 좋든 싫든 한 장소에 묶일 수밖에 없다. 그들은 전지구적 운영자로서는 사이버 공간을 떠돌아다닐 수도 있다. 하지만 한낱 인간으로서 그들은 언제나 자신들이 행동하는 물리적 공간, 즉 미리 설정되어 있기도 하고, 사람들이 의미와 정체성을 만들어 가고 인정받기 위해 애쓰는 과정에서 끊임없이 재가공되기도 하는 환경에 갇혀 있는 것이다. 일반적으로 인간의 경험이 형성되고 모이는 곳, 삶의 고락을 함께하고, 삶의 의미를 생각하며 받아들이고 협상하는 곳이 바로 이런 장소이다. 인간의 충동과 욕구가 형성되고 자라나는 곳도, 자아실현의 희망을 품고 살아가며 좌절의 위험을 감수하는 ― 그리고 실제로 자주 좌절하고 억압당하는 ― 곳도 바로 이런 장소들 안이다.

그러므로 근대의 도시는 전지구적 권력들과, 고집스럽게 지역적인 의미들, 정체성들이 서로 만나서 부딪히고 싸우며, 만족스럽거나 겨우 참을 만한 해법(항구적인 평화이기를 바라지만, 결국 대체로 부서진 방어선들을 수리하고 전투부대를 재배치하며 잠시 동안 유지되는 휴전에 지나지 않는, 일종의 공존 형태)을 모색하는 무대나 전투장이다. '유동하는 근대' 도시의 역학에 시동을 걸고 이끌어 가는 것은 다른 어떤 요소도 아닌 바로 그런 대치 상황이다.

그러나 분명히 알아야 할 것은, 정도는 다르겠지만 어떤 도시라도 이런 모습일 수 있다는 점이다. 마이클 피터 스미스는 최근 코펜하겐 여행에서 겪었던 일을 회상하면서, 단 한 시간 동안 이곳 저곳을 거닐며 그가 지나쳤던 "터키와 아프리카, 중동 이주자들 같은 소집단들", 그가 지켜보았던 "히잡을 두르거나 두르지 않은 몇몇 아랍 여자들", 그가 보았던 "비유럽 언어로 된 간판들", 그리고 "티볼리 공원Tivoli Garden 맞은편의 영국식 선술집에서 아일랜드 출신 바텐더와 나눴던 재미있는 대화"에 대해 이야기한다.[13] 스미스는 이와 같은 현장 경험이 같은 주에 열렸던 코펜하겐 회의에서 "한 질문자가 초국가주의는 뉴욕이나 런던 같은 '전지구적인 도시'에나 적용될 수 있는 것이지 코펜하겐 같은 배타적인 곳과는 거의 상관없는 이야기인 것 같다고 고집했을 때" 초국가적 연관성transnational connections에 대해 이야기하는 데 도움이 되었다고 말한다.


오늘날 우리가 살아가는 조건을 형성하는 실제 권력들은 전지구적인 공간에서 흘러 다닌다. 반면에 정치적 행위가 이루어지는 우리의 제도들은 여전히 땅바닥에 묶여 있다. 즉, 이런 제도들은 이전처럼 지역적이다.

정치제도들은 오늘날 대체로 지역적인 차원에 머물러 있으며 앞으로도 당분간은 그럴 수밖에 없을 것이다. 따라서 일상의 정치

드라마가 상연되는 무대인 도시 공간에서 활동하는 정치 행위자들에게는, 효과적이고도 주권적으로 행사할 수 있는 권력이 심각하게 부족하다. 지역 정치가 권력을 상대적으로 박탈당하게 된 현실의 이면에는, 치외법권 상태의 사이버공간이 실제 권력의 놀이터임에도 불구하고 그곳에는 정치가 부재한다는 현실이 존재한다.

우리 시대에 드러난 가장 당혹스러운 역설 가운데 하나는, 세상이 빠르게 지구화하고 있는데도 정치는 열렬히 그리고 자의식적으로 지역적인 것으로 남으려는 경향을 보인다는 점이다. 정치는 사이버공간에서 추방되어 — 아니 그보다 정치는 사이버공간에 결코 받아들여진 적도 없었고 여전히 접근이 금지되어 있는 상태이다 — '쉽게 접근할 수 있는' 문제들, 즉 지역 문제나 이웃과의 관계 문제에만 매달리고 있다. 우리가 '어떻게 해볼 수 있는'(즉, 영향력을 행사하고 바로잡고 개선하며 방향을 돌릴 수 있는) 유일한 문제는 대체로 지역적 쟁점들이다. 우리의 작위와 무작위가 '영향을 미친다'고 할 수 있는 영역은 오로지 지역적 문제밖에 없다. 왜냐하면 다른 '초지역적' 사안에 대해서는 '대안이 없기' 때문이다(적어도 우리는 우리의 정치 지도자들과 여타의 모든 '무엇인가를 아는 사람들'이 거듭 그렇게 이야기하는 것을 들었다). 따라서 우리는 우리 손에 쥐어진 가련할 정도로 형편없는 수단과 자원으로는, 우리가 무엇을 하든 혹은 우리가 할 수 있는 일에 대해 아무리 분별 있게 생각한다고 해도, '전지구적인 문제'는 이와는 상관없이 흘러갈 것이라고 의심하게 된다.

그러나 비록 그 난해한 뿌리와 원인이 분명히 전지구적인 것이고 종잡을 수 없다 하더라도, 그런 초지역적인 문제들은 지역적 곁가지와 반향을 통해서만 정치적 관심의 영역으로 들어온다. 공기나 상수원이 전지구적으로 오염되어 있는 문제 — 전지구적으로 '불필요한' 인간들과 망명자가 생산되고 있는 문제와 상당히 비슷하다 — 는 유해 폐기물 야적장이나 집 없는 난민과 망명 신청자들을 위한 주택이 두려울 정도로 가깝게, 우리 집 근처의 '손닿는 곳', '우리 뒷마당' 부근에 할당될 때 정치 문제가 된다. 진행 중인 의료 문제의 상업화는 거대한 다국적 제약회사들 간의 피를 말리는 경쟁의 결과가 분명하지만, 이웃 병원의 서비스가 나빠지든가 지역의 노인 요양 기관이 점점 사라지게 되어야 정치적 관심거리가 된다. 전지구적으로 잉태된 테러리즘이 유발한 대혼란을 극복해야만 했던 사람들은 바로 한 도시, 뉴욕의 시민들, 그것도 제멋대로 뻗어 나간 뉴욕의 일부에 지나지 않는 맨해튼의 거주자들이었다. 도시의 시의회나 시장이 바로 개인들의 안전을 책임지고 보호해야 하지만, 개인들의 안전은 그 어떤 지방 자치체도 영향을 미치지 못하는 먼 곳의 은신처에 안전하게 숨어 있는 세력들의 공격에 취약한 상태로 노출되어 있다. 반면에 생계 수단을 전지구적으로 파괴하고, 오랫동안 살아 왔던 삶의 터전을 빼앗기는 것과 같은 문제는, 획일적인 모습이던 거리를 메운 각양각색의 '경제적 이주자들'을 통합해야 하는 과제를 안겨 주면서, 이제 정치적으로 해결해야 할 문제가 되고 있다.……

간단히 말하면, 도시는 전지구적으로 잉태되고 부화된 문제들이 쌓인 야적장이 되었다. 도시의 주민과 선출된 그들의 대표들은 온갖 상상력을 발휘해도 해결할 수 없는 과제, 즉 전지구적으로 잉태된 괴롭고 곤혹스러운 문제에 대해 지역적 해결책을 찾아내는 과제에 직면하게 된 것이다.

따라서 세상은 점점 더 전지구적인 과정들에 의해 형성되고 재형성되는 데 반해, 정치는 점점 더 지역화되어 가는 역설이 생겨난다. 카스텔이 이야기하듯이, 우리 시대에 점점 더 뚜렷해지고 있는 특징은 "의미와 정체성(즉, 나의 이웃, 나의 공동체, 나의 도시, 나의 학교, 나의 나무, 나의 강, 나의 해변, 나의 교회, 나의 평화, 나의 환경 등)의 생산"이 훨씬 더 치열해졌다는 것이다(통제 불능이며 점점 강박적인 양상을 나타내고 있다고 말할 수도 있을 것이다).[14] "사람들은 전지구적인 회오리바람에 대해서는 무방비한 상태에서 자기 자신에게 집착한다." 그리고 나는 이렇게 말할 수 있을 것 같다. 그들이 "자신에게 집착"할수록 "전지구적인 회오리바람에 대해" 점점 더 "무방비한" 상태가 되어 갈 뿐만 아니라, 자신들만의 지역적인 의미와 정체성을 주장하기는커녕 결정할 수 있는 능력도 점점 줄어든다고 할 수 있다(이는 전지구적 운영자들에게는 큰 기쁨을 안겨 준다. 무방비 상태의 사람들을 두려워 할 이유가 전혀 없기 때문이다).

카스텔이 다른 곳에서 암시하고 있듯이, '흐름의 공간'이 생성되면 '분리의 위협을 통해 지배하는' 새로운 (전지구적) 위계 체계가 형성된다. '흐름의 공간'은 '장소의 통제를 회피'할 수 있다. 반면에(그리고 그렇기 때문에) "장소의 공간은 조각나고 지역으로 제한되고, 따라서 가변적인 흐름의 공간과 비교할 때 점점 힘을 잃는다. 지역이 압도적인 이 흐름에 저항할 유일한 기회는 그 흐름이 착륙할 권리를 거부하는 것이다. 하지만 결국 그 흐름은 가까운 다른 지역에 착륙해 그에 저항하는 공동체를 우회해 주변화할 뿐이다."[15]

그 결과 지역 정치, 특히 도시 정치는 스스로 감당할 수 없을 정도로 절망적인 과부하 상태에 빠지게 된다. 사람들은 도시 정치가 통제에서 벗어난 전지구화의 결과를 완화해 줄 것이라 기대하지만, 정치는 지구화로 인해 극히 부적절해진 수단과 방법을 가지고 있을 뿐이다. 따라서 모든 정치 행위자들은 항구적인 불확실성 속에서 행동할 수밖에 없다. 정치가들은 가끔 불확실성을 인정한다. 그러나 대부분의 경우에는 공개적으로 힘자랑을 하거나 과장된 허세를 부리면서 불확실성을 숨기려고 한다. 운이 나쁘거나 일손이 부족할수록 정치가들의 이런 동작과 목소리는 커지는 경향이 있다.



도시의 역사에서 무슨 일이 일어났든, 그리고 그 공간 구조와 외양, 생활양식이 오랜 기간에 걸쳐 아무리 극단적인 변화를 겪었다 하더라도, 도시에는 조금도 변하지 않고 그대로 남아 있는 한 가지 특징이 있다. 도시는 이방인들이 머물며 서로 어깨를 맞대고 움직이는 공간이라는 것이다.

손과 눈길이 닿는 모든 곳에 항구적으로 존재하는 이방인은, 도시 주민이 추구하는 모든 삶에 항구적인 불확실성을 가중시킨다. 잠시라도 피할 수 없는 그들의 존재는 불안감과 공격성의 마르지 않는(보통은 휴면 상태이지만 폭발하는 일이 비일비재하다) 원천이다.

미지의 인간에 대한 만연된 공포(비록 잠재의식일지라도)는 필사적으로 믿을 만한 출구를 찾는다. 대부분의 경우 축적된 불안을 해소하는 대상은 '낯설음'(친숙하지 않음과 불투명한 생활 무대, 모호한 위험, 성격을 모르는 위협 등)의 전형으로 선택된 범주의 '외지인'이다. 불확실성이라는 무서운 괴물은 선택된 범주의 '외지인'을 그들의 집과 상점으로부터 멀리 쫓아 버림으로써 한동안 축출된다. 불안이라는 끔찍한 괴물은 허수아비를 통해 화형에 처해진다. 국경 장벽은 표면상으로는 '가짜 망명 신청자'와 '단순히 경제적인' 이주자를 막기 위해 세워진 것 같지만, 사실은 흔들리고 불안정하고 예측할 수 없는 내부자의 실존을 요새화하는 기능을 한다. 그러나 어떤 처방을 내리든 그리고 '달갑지 않은 외지인'에게 어떤 곤경이 찾아오든, 유동하는 근대의 삶은 불안정하고 변덕스러울 수밖에 없다 ― 따라서 안도감은 단명하기 십상이며 '강력하고 결정적인 조치'에 매달려 있는 희망은 생기기가 무섭게 곧 물거품이 되고 만다.

정의상 이방인은 누구든 기껏해야 추측할 수밖에 없고 결코 완전히 파악했다고 확신할 수 없는 의도에 따라 움직이는 행위자이다. 도시 주민이 무엇을 하고 어떻게 행동할지를 계산하고 결정할 때마다 이방인은 모든 방정식의 알려지지 않은 변수들이다. 그러므로 비록 이방인이 분명한 공격이나 공개적이고 적극적인 분노의 대상이 되지 않더라도, 우리의 활동 무대 안에 있는 그들의 존재는 곤혹스러운 것이며 행동의 결과나 그 행동이 성공하거나 실패할 확률을 예측하기 어렵게 만든다.

이방인과 공간을 공유하는 것, 청하지 않았지만 눈에 띄게 가까이 존재하는 이방인 옆에서 사는 것은 도시 주민이 피하기 어려운 상황이다. 아마 이런 상황을 피하는 것은 불가능할 것이다. 이방인이 가까이 있는 것은 도시 주민의 운명이며 영구적인 생활양식modus vivendi이다. 도시 주민은 그 생활 방식을 매일 자세히 검토하고, 감시하고, 실험해 보며, 시험과 재시험을 거쳐서 (바라건대) 이방인과의 동거를 구미에 맞게 그리고 그들과 함께하는 삶을 견딜 만한 형태로 만들어야 한다. 이런 필요는 '주어진 것'이며 협상 불가능하다. 그러나 도시 주민이 그런 필요를 충족시키는 방식은 선택의 문제이다. 그리고 그런 종류의 선택은 매일매일 이루어진다 ─ 계획적이거나 무심결에, 작위 또는 부작위를 통해, 의식적으로 결정하거나 맹목적이고 기계적으로 관례적인 틀을 따름으로써, 또는 함께 모여서 협의하고 검토함으로써, 아니면 (현재 받아들

여지고 있고 아직은 믿지 못할 만한 것이 아니기 때문에) 지금 믿을 만한
수단을 개인적으로 따름으로써 말이다.

위에서 인용했던 스티븐 플러스티가 묘사한 새로운 양상들은
도시에서 아주 흔한 이질 공포증mixophobia을 보여 주는 최신식 징후
라 할 수 있다.

"이질 공포증"은 근대 도시의 거리에서 만나 어깨와 팔꿈치를
부딪치지만 마음을 졸이게 하고 등골이 서늘하게 하며 신경을 곤
두세우게 만드는 다양한 인간 유형과 생활 방식에 대한, 일반적이
고도 매우 예측하기 쉬운 반응이라 할 수 있다. 이는 '우범지대'나
'빈민가'라고 공식적으로 선언된(그래서 사람들이 피하는) 지역뿐 아
니라 '일반'(이는 다음과 같이 읽으면 된다 : '금단의 공간'으로 보호받지 못
하는) 주거지역에서도 모두 마찬가지다. 지구화 시대의 도시 환경
에서는 사람들이 다양한 목소리를 내고 문화적 다양성을 나타내
기 시작하며, 시간이 흐를수록 이런 경향은 약화되기보다는 강화
되는 경향이 있다. 따라서 이런 배경이 가져다주는 짜증나고/혼란
스러우며/비위에 거슬리는 낯선 감정은 아마 계속해서 분리주의
적 충동을 자극할 것이다.

이런 충동을 떠넘기고 나면 고조되고 있던 긴장을 (일시적이지

만 반복적으로) 완화할 수 있을지도 모른다. 하지만 충동을 떠넘길 때마다 바로 이전에 좌절되었던 희망은 새롭게 나타난다. 즉, 사람들은 이렇게 생각한다. 비록 불쾌하고 당혹스러운 차이들은 결국 어쩔 수 없다 할지라도, 각각의 삶의 형태에 배타적인 동시에 포괄적이며, 뚜렷이 식별 가능하고, 철저히 보호받는, 물리적으로 분리된 공간을 부여하는 방법을 사용하면, 적어도 독침에서 독소는 짜낼 수 있을지도 모른다고 말이다. …… 한편 그렇게 근본적인 해결책을 쓸 수는 없다 하더라도, 최소한 혼자 힘으로 혹은 일가친척들끼리, 그리고 '자신과 같은 사람들'의 힘을 동원해, 다른 도시지역들을 구제불능으로 괴롭히는 이것저것이 뒤범벅되어 있는 불결한 이들로부터 자유로운 영역을 확보할 수 있을지도 모른다고 생각한다. 이질 공포증은 다양성과 차별성의 바다 한가운데서 유사성과 동일성의 섬을 지향하는 충동으로 나타난다.

이질 공포증의 뿌리는 지극히 평범해 그 정확한 위치를 찾아내는 것은 전혀 어렵지 않으며, 그것을 경감시키는 것은 쉽지 않겠지만, 그것을 이해하기란 매우 쉬운 일이다. 리처드 세넷Richard Sennett이 주장하는 것처럼, "비슷해지려는 욕망을 나타내는 '우리'라는 느낌은 사람들이 서로를 깊이 들여다보아야 할 필요성을 회피하는 방법이다."[16] 그 느낌은 일종의 정신적인 안정을 약속해 준다고 할 수 있다. 즉, 차이의 한가운데서 차이와 더불어 사는 데 요구되는 이해와 협상, 타협을 해야 하는 수고를 덜어 줌으로써 함께 지내는 것을 더 감당하기 쉽게 만드는 것이다. "공동체의 일관성 있는 이미지를 형성하는 과정에는 실제 참여를 회피하려는 욕망이 내재되어 있다. 공동의 경험이 없는데도 처음부터 공동의 유대감이 일어나는 이유는, 사람들이 참여와 그 위험 및 어려움, 그리고 그에 따르는 고통을 두려워하기 때문이다."

'유사성의 공동체'community of similarity를 향한 충동은 외부의 타자성뿐만 아니라 내부의 생동적이지만 동요를 일으키고, 활기는 있지만 귀찮은 상호작용에서도 물러나 틀어박히겠다는 신호다. '동일성의 공동체'community of sameness는 다양한 목소리를 내는 세상에서 일상의 삶에 가득한 위험에 대비하는 보험증서와 같은 매력을 갖고 있다. 그러나 '동일성' 속으로 숨는다고 해서, 그것을 유발한 위험이 줄어드는 것은 아니다. 물론 그런 위험을 피할 수 없는 것은 말할 것도 없다. 모든 완화제들처럼, 그렇게 숨는 것은 기껏해야 그런 위험이 미치는 가장 직접적이고 가장 두려운 일부 영향을 막아 주는 피난처만을 약속해 줄 뿐이다.

도피라는 선택지를 이질 공포증의 치료제로 선택하면 기만적인 해로운 결과를 낳는다. 이른바 치유 체계는, 일단 받아들이면, 효과가 없을수록 자기 영속적이고 자기 강화적인 모습을 띠게 된다는 말이다. 세넷은 왜 그런지(사실은 왜 그렇게 될 수밖에 없는지)를 다음과 같이 설명한다. "지난 20년간 미국의 도시들은 대체로 소수민족 거주지들이 각자 동질화되면서 성장해 왔다. 이로 인해 이런 소수민족 공동체들이 분리될 수도 있을 정도로 아웃사이더에 대한 공포가 자라난 것도 결코 우연이 아니다."[17] 사람들은 획일적인 환경 — 오해를 유발할 위험도 없고 독특한 의미의 세계들 사이를 오가야 하는 성가신 필요와 씨름할 필요도 없이 본래의 모습으로 편하게 '사회화'할 수 있는 '자기와 닮은' 타자들의 무리 — 에 오래 머물수록 의미를 함께 나누고 합의할 만한 공동의 생활양식 modus covivendi을 얻기 위해 타협하는 기술을 '잊어버리기' 쉽다. 사람들은 차이의 한가운데서 만족할 만한 삶을 영위하는 데 필요한 기술을 습득해야 한다는 사실을 잊어버리거나 등한시해 왔기 때문에, 도피 요법을 찾는 이들이나 이를 처방하는 의사들이 이방인들을 마주할지도 모른다는 가능성을 점점 골치 아픈 일로 생각하는 것은 당연하다. 이방인은 점점 더 낯설고 이해하기 힘든 외계의 존재가 되어 감에 따라 훨씬 더 위협적인 존재처럼 보이는 경향이 있다. 이는 그들의 '타자성'을 자신들만의 생활 세계에 동화시키는 대화와 상호작용이 시들해지거나 아니면 애초에 시도조차 하지 않았을 경우에도 마찬가지다. 영역적으로 고립된 동질적인 환경을 지향하는 충동은 이질 공포증으로 인해 촉발될 수 있다. 그러나 영역 분리를 실행하는 것은 이질 공포증의 생명줄을 마련해 주는 것이며 먹이를 공급해 주는 것이다. 이는 점점 이질 공포증을 강화시켜 주는 주된 요소로 변화하는 것이다.

그러나 이질 공포증이 도시의 전쟁터에 있는 유일한 전투 요원은 아니다.

도시 생활이 양가적인 경험이라는 것은 모두가 아는 사실이다. 사람들은 도시 생활에 매력을 느끼면서도 혐오감을 느낀다. 매력적인 동시에 혐오스러운, 또는 때로는 매력적이지만 때로는 혐오스러운 측면은, 도시 거주자들의 곤경을 훨씬 더 끔찍하고 바로잡기 어려운 것으로 만드는 도시 생활의 동일한 측면이다. …… 혼란스러울 정도로 다채로운 도시 환경은 공포의 근원이다(특히 우리들 중에서, 안정을 흔드는 지구화 과정에 의해 심각한 불확실성의 상태로 내던져져 이미 '익숙해져 있던 생활 방식들을 잃어버린' 사람들에게 그렇다). 이와 동일한, 만화경처럼 반짝이면서도 희미하게 깜박이는 도시 풍경은, 항상 새롭고 놀라운 것이지만, 저항하기 힘든 매력이자 유혹하는 힘이기도 하다.

그러므로 결코 멈추지 않고 항상 눈부신 도시의 화려한 풍경과 대면하는 것은 분명히 골치 아프고 저주스러운 경험이 아니다. 반면에 피한다고 해도 순전한 축복이라는 느낌이 들지 않는다. 도시는 이질 공포증의 씨앗을 뿌리고 육성하는 동시에 그만큼 이질 애착증mixophilia을 유발하기도 한다. 도시 생활에는 양면성이 있다. 이는 도시 생활이 안고 있는 돌이킬 수 없는 본질이다.

도시가 크고 이질적일수록 그것이 뒷받침해 줄 수 있고 제공해 줄 수 있는 매력 역시 많아진다. 이방인이 많이 몰려 있다는 것은 혐오감을 주는 동시에 사람들을 끌어들이는 매우 강력한 자석 같은 역할을 한다. 시골이나 작은 마을의 단조로운 생활에 싫증이 난 사람들이나 반복되는 일상에 질려 버린 이들, 기회도 없고 전망도 없다는 데 실망한 새로운 무리들이 계속 도시로 몰려드는 것 역시 이런 이유에서다. 다양성은 상이한 많은 기회, 모든 기술과 어떤 취향에도 맞는 기회를 약속한다. 따라서 도시의 규모가 클수록, 규모가 작아서 특이성을 용납하지 못하고 자유에 인색한 지역에서 모험 기회를 거절했거나 거부당한 사람들을 많이 끌어들인다. 이질 공포증과 마찬가지로 이질 애착증 역시 스스로 추진하고, 전파하며, 활성화한다. 이 둘은 모두 도시를 새롭게 꾸미고 도시 공간을 재정비하는 과정에서 스스로 소진되거나 활력을 잃지 않을 것이다.

이질 공포증과 이질 애착증은 모든 도시에 공존하지만 도시 주민들 각자의 내면에도 공존한다. 분명히 이는, 비록 유동하는 근대의 양면성을 받아들이는 사람들에게는 많은 것을 의미하지만, 음향과 분노●로 가득 찬 불편한 공존이다.

● 이 표현은 윌리엄 포크너의 『음향과 분노』에서 따온 표현으로, 원래는 셰익스피어의 『맥베스』 5막 5장("삶은 아무 의미 없는 음향과 분노로만 가득 찬 백치의 이야기")에 나오는 표현이다.

이방인들은 앞으로 오랫동안 서로 함께 살 수밖에 없다. 그러므로 미래가 도시의 역사를 어떻게 바꾸든, 서로 다르다는 사실을 인정하고 평화롭고 행복하게 살면서 다양한 자극과 기회로부터 혜택을 얻어 내는 기술은, 도시 주민이 배우거나 활용할 필요가 있는 (그리고 그렇게 하는 것이 유리한) 가장 중요한 것이 된다.

유동하는 근대에는 인간의 기동성이 높아지고 도시 드라마의 배역과 플롯, 배경의 변화가 빨라진다는 점을 고려하면, 이질 공포증을 완전하게 제거하는 일은 불가능할 것 같다. 그러나 이질 공포증과 이질 애착증이 섞여 있는 비율에 영향을 줄 수 있고, 이질 공포증이 안겨 주는 혼란스러운 충격과 이질 공포증이 유발하는 불안과 고뇌를 줄일 수 있는 무엇인가는 할 수 있다. 사실 건축가와 도시 기획자들이 이질 애착증의 성장을 돕고, 도시 생활의 어려움에 대해 이질 공포증이 반응하는 경우를 최소화하기 위해 할 수 있는 일은 많을 것 같다. 반면에 실제로는 정반대의 결과를 조성하기 위해 그들이 할 수 있고 또 실제로 현재 하고 있는 일도 많은 것 같다.

앞에서 살펴본 것처럼, 거주 지역과 공적인 참여 공간의 분리는 이질 공포증의 주된 원인이다. 그렇게 분리하는 것이 아무리 개발업자에게는 돈을 빨리 버는 방법으로 상업적인 매력이 있고, 고객에게는 이질 공포증이 유발하는 불안들을 빨리 해결하는 방법으로 매력이 있어도 말이다. 제안되고 있는 해법들은 그들이 해결한다고 주장하는 문제를 새로 만들어 내거나 심지어는 악화시키기도 한다. 빗장 공동체나 경비가 삼엄한 콘도미니엄의 건축업자들은, 자기네가 수용하겠다고 주장하는 요구와 그들이 충족시키겠다고 약속하는 필요를 재생산하기도 하고 강화하기도 한다는 말이다.

이질 공포증적인 편집증은 스스로를 먹고 자라나며, 자기 충족적인 예언처럼 작동한다. 분리주의가 이방인이 상징하는 위험을 해결할 수 있는 근본적인 해법으로 제공되고 받아들여진다면, 이방인과 같이 사는 것은 날이 갈수록 어려워질 것이다. 거주 구역들을 동질화하고 그들 간의 모든 상업과 의사소통을 줄여서 더 이상어쩔 수 없을 정도로 최소화하는 것은, 배제와 분리의 충동을 강화하고 심화하는 가장 확실한 처방이다. 이런 조치는 이질 공포증에 걸린 사람이 받는 고통을 줄이는 데 일시적이나마 도움을 줄 수도 있다. 하지만 이 치료법은 자체가 발병의 원인이며 고통을 가중시키고 치유하기 어렵게 만들므로, 고통을 참을 수 있는 수준으로 유지해 줄 더 강한 새로운 약이 늘 필요하게 된다. 공간 분리에 의해강조되고 강화되는 공간의 사회적 동질성은 거주자들의 차이에 대한 내성을 약화시켜 이질 공포증적인 반응들이 표출될 기회를 증가시키며, 도시 생활을 안전하고 편안하며 쾌적하게 만들기보다는 더 위험하고 고통스러운 모습으로 만든다.

이질 애착증과 같은 감정이 자리 잡고 자라날 수 있도록 하는 데에는 그와는 반대되는 건축 및 도시계획 전략이 더 적합할 것이다. 모든 범주의 도시 주민이 마음을 열고 자주 찾을 수 있는 매혹적인 열린 공공 공간을 늘리는 전략이 그것이다. 한스 가다머Hans Gadamer 가 그의 『진리와 방법』Truth and Method(이길우 옮김, 문학동네, 2000)에 서 지적해 널리 알려진 것처럼, 상호 이해는 "지평의 융합"에 의해 촉진된다(여기서 말하는 지평은 인지적 지평, 즉 생활 경험을 축적하는 과정 에서 형성되고 확장되는 지평을 의미한다). 상호 이해가 요구하는 "융합" 은 공유된 경험의 산물일 수밖에 없다. 그리고 경험을 공유한다는 것은 공간을 공유하지 않고는 상상도 할 수 없는 일이다.

가장 끔찍한 현대적 공포는 실존적 불확실성으로 인한 것 이다. 그 뿌리는 도시의 생활 조건 훨씬 너머까지 뻗어 있다. 그러 므로 그 뿌리를 자르려고 도시 안에서 도시 공간과 도시 가용 자 원으로 무엇을 하든, 그 결과는 과제가 요구하는 바에 훨씬 미치지 못할 것이다. 도시 주민의 공동 거주지에 출몰하는 이질 공포증은 그들이 안고 있는 불안의 원천이 아니라 그 원천에 대한 비뚤어지 고 잘못된 해석의 산물이다. 겉으로 드러난 발진을 제거하고는 병 이 치료되었다고 착각함으로써 불안이 주는 고통을 완화하려고 하지만 결국에는 병을 뿌리 뽑지 못하는 절망적인 노력의 표현이 라는 말이다. 이질 공포증과는 상반되는 것으로서 도시 생활 속에 뿌리를 내리고 있는 이질 애착증은 희망의 씨앗을 품고 있다. 그 희망은 도시 생활(엄청나게 많은, 아마 무한히 다양한 이방인과 공존하며 상호 교류하도록 요구하는 삶)을 덜 걱정스럽고 생활하기는 더 쉽게 만들려는 희망이기도 하고, 유사한 원인으로부터 전지구적인 규모로 발생하는 긴장을 완화하려는 희망이기도 하다.

앞에서 말한 것처럼, 오늘날 도시는 전지구적으로 생성된 문제가 쌓여 있는 곳이다. 그러나 도시를 실험실(점점 과밀해지는 지구 주민들이 아직도 배워야 할, 차이를 인정하고 더불어 사는 수단과 방법을 매일 고안하고 실험하고 기억하며 통합하는)로 볼 수도 있다. 칸트가 말하는 인류의 보편적 통합allgemeine Vereinigung der Menschheit의 필요조건인 가다머의 "지평의 융합"은 당연히 도시라는 무대에서 시작되어야 한다. 이 무대에서는 화해할 수 없는 갈등과 피할 수 없는 "문명의 충돌"[18]이라는 헌팅턴의 묵시론적 전망이, 이질적이며 생경한 인종, 국적, 신, 종교적 의식 등과 같은 심히 낯선 무대 장치적 가면 뒤에 숨은 인류와의 상냥하며 흐뭇하고 즐거운 일상적 만남으로 바뀔 수도 있다. 이것을 발견하고 배우는 데 모두가 공유하는 도시의 길거리보다 나은 곳은 없다. 마크 위어겐스마이어Mark Juergensmeyer가 지적한 것처럼,[19] 오늘날에는 "세속적인 이데올로기적 저항"이 "종교적인 이데올로기로 정식화"되는 경향이 있지만, "소외, 주변화, 사회적 좌절과 같은 불만들은" 분리주의적이고 적대적인 종파적 경계를 넘어 어디서나 "보통 상당히 유사하다."

5

불확실성 시대의 유토피아

* 이 글은 2005년 10월 27일 런던 정경대 학부에서도 "Living in Utopia"라는 제목으로 강연되었다.

가장 행복한 사람들(또는 불행한 사람들의 일반적이고 약간은 시기 어린 견해에 의하면, 가장 운이 좋은 사람들)의 삶에도 문제가 있기 마련이다. 사는 동안 모든 것이 원하는 대로 된다고 단언할 수 있는 사람은 거의 없다. 심지어는 그렇게 단언할 수 있는 극소수의 사람들이라도 미심쩍은 순간이 있다는 것을 알고 있다.

우리들 모두는 예상치 못했거나 분명히 원치 않았던 일과 사람들 때문에 걱정하게 되는 불쾌하고 불편한 상황에 익숙하다. (우리가 때때로 '운명의 횡포'라고 부르는) 그런 역경이 특히 괴로운 이유는 예고도 없이 찾아오기 때문이다. 우리는 그런 역경이 임하리라고 예상하지도 않으며, 가까이 있을 수 있다는 점도 종종 믿으려고 하지 않는다. 역경은 우리가 말하듯이 '마른하늘의 날벼락'처럼 우리를 강타한다. 그러므로 우리가 미리 조치를 취해 파국이라도 막아볼 길은 없다. 구름 한 점 없는 하늘에서 날벼락이 떨어질 것이라고 예상할 수 있는 사람은 없기 때문이다……

운명의 횡포가 가진 돌연성과 불규칙성, 그리고 어떤 방향에서도 나타날 수 있는 고약한 능력, 이 모든 것이 그 횡포를 예측할 수 없게 만들고, 따라서 우리로 하여금 무방비 상태에 놓이게 만든다. 위험이 현저하게 제멋대로 떠다니고 변덕스러우며 어이없는 것으로 남는 한, 우리들은 꼼짝 못하고 표적이 될 수밖에 없다. 위험을 막기 위해 우리가 할 수 있는 일은 거의 없다는 말이다. 희망이 없는 이런 상태는 끔찍한 것이다. 불확실성은 공포를 의미한다. 우리들이 사고가 없는 세상을 계속 꿈꾸는 것은 당연하다. 우리가 꿈꾸는 세상은 규칙적인 세상, 예측 가능한 세상이지, 전혀 그 속을 알 수 없는porker-faced 세상이 아니다. 라이프니츠 등 일부 철학자들이 "완전한 세계"라도 악을 어느 정도 포함하지 않으면 완전하지 않을 것이라고 주장했을 때 그들의 말이 옳았다고 치자. 설혹 그렇더라도 최소한 그 악을 믿을 수 있는 울타리에 가두어 놓고 위치를 잘 파악하고, 가까이서 감시할 수 있어야 한다. 우리가 어떤 일이 언제, 어디서 일어날지 알고, 따라서 그 일이 닥칠 경우 대비할 수 있도록 말이다. 간단히 말하면, 우리가 꿈꾸는 세상은 믿을 만한 세상, 신뢰할 수 있는 세상이다. 안전한 세상!

'유토피아'라는 말이 토머스 모어 경Sir Thomas More 덕분에 그런 꿈을 일반적으로 가리키는 명사가 된 것은 16세기부터였다. 16세기는 영원할 것만 같던 기존의 틀들이 허물어지기 시작하고, 낡은 습관과 관습들이 그 노후함을 드러내며 의례화되고 초라해져 가면서, 폭력이 난무하게 된 시기였다(그래서 사람들은 익숙하지 않은 수많은 비정통적 요구와 행동들을 설명하고자 하는 경향이 있었고, 전능하다고 생각했던 권력이 견제하기에는 너무나 제멋대로이고/거나 통제 불가능하며, 너무나 막강하고 완강해 분명히 검증된 바 있는 기존의 방법으로는 길들일 수 없다는 것을 깨달았다). 토머스 모어 경이 예측할 수 없는 위협이 없는 세상을 보여 주는 청사진을 그리게 되자 위험과 오류로 가득한 즉흥적 대응과 실험이 빠르게 대세로 변했다.

토머스 모어는, 불안과 고삐 풀린 공포가 제거된 세계를 그린 자신의 청사진이 — 선한 삶이 영위되는 무대를 마련하려는 설계도인 한 — 단지 꿈일 뿐이라는 점을 잘 알고 있었다. 그는 자신의 청사진에 '유토피아'utopia라는 이름을 붙였는데, 이는 '선한 곳'을 뜻하는 에우토피아eutopia와 '존재하지 않는 곳'을 뜻하는 우토피아outopia라는 두 개의 그리스어를 동시에 암시하는 것이었다. 그러나 수많은 그의 추종자와 모방자들은 더 단호하거나 덜 조심스러웠다. 그들은 이미 공포가 없는 좋은 세상을 설계하는 데 필요한 지혜와 불합리한 것들을 제거하는 데 필요한 통찰력을 — 이성이 명령하는 '당위'의 수준으로 — '갖춘' 세상에 살고 있다고 확신했다. 이런 확신으로 인해 그들은 이 두 가지를 모두 시험할 용기를 얻을 수 있었고 적극적일 수 있었다.

그 후 수세기 동안 근대 세계는 낙관적인 세계, 즉 유토피아를 바라보고 살아가는 세계a world-living-towards-utopia였다. 또한 유토피아가 없는 사회는 살 만하지 않으며, 따라서 유토피아가 없는 삶도 살 가치가 없다고 믿는 세계이기도 했다. 의심이 생길 경우 사람들은 항상 주변에서 가장 명석하고 존경할 만한 지성인들, 예컨대 오스카 와일드 같은 사람의 권위에 의지할 수 있었다. 그에 따르면,

> 유토피아를 포함하지 않은 세계지도는 눈길조차 줄 가치가 없다. 왜냐하면 인류가 항상 닻을 내리고 있는 한 국가를 빼놓았기 때문이다. 인류는 항상 그곳에 다다르면 눈을 밖으로 돌려 더 좋은 나라를 바라보며 돛을 올린다. 진보란 유토피아들의 실현이다.

그러나 그 당시에는 미처 깨닫지 못했지만 나중에 이를 다시 생각해보면 마지막 문장을 수정하고 싶을 것이다. 두 가지 이유 때문이다. 우선, 진보는 유토피아들의 실현이라기보다는 유토피아들의 뒤를 쫓는 것이었다. 유토피아들은 가짜 토끼의 역할을 했다. 경주견이 맹렬히 쫓아가지만 결코 잡을 수 없는 가짜 토끼 말이다. 둘째, 대개 '진보'라 불리는 움직임은 아직 경험하지 못한 유토피아를 따라잡기보다는 실패한 유토피아로부터 달아나려는 노력, '좋은 유토피아'에서 '더 나은 유토피아'로 달려가기보다는 '예상만큼 좋지 않던' 유토피아로부터 도망가는 것, 미래의 행복보다는 과거의 좌절로 인해 자극을 받은 결과였다. 유토피아의 '실현'이라고 선언된 현실은 꿈꾸던 낙원이 아니라 꿈의 조잡한 모사에 불과했

다. 다시 '돛을 올리는' 압도적인 이유는 앞으로 이루어질지도 모르는 꿈의 유혹 때문이라기보다는 이미 이루어진 현실에 대한 혐오 때문이었다.

영국 해협 건너편에서도 오스카 와일드의 견해와 잘 호응하는 의견이 또 다른 현자인 아나톨 프랑스Anatole France에 의해 제시되었다.

> 과거의 유토피아들이 없었다면 인간은 아직도 벌거벗은 채 동굴에서 비참하게 살고 있을 것이다. 최초로 도시의 윤곽을 그려 낸 사람들은 유토피아를 꿈꾸는 이들이었다. …… 더 나은 현실은 많은 꿈의 산물이다. 유토피아는 모든 진보의 원리이며 더 나은 미래를 향한 노력이다.

분명히 아나톨 프랑스가 태어날 당시에는 유토피아가 대중의 인식과 일상생활에 확고하게 자리 잡고 있었다. 그러므로 이 프랑스 작가에게 유토피아가 없는 인간의 존재는 열등하고 치명적인 결함이 있을 뿐 아니라 상상할 수도 없는 것처럼 보였다. 많은 동시대인과 마찬가지로 아나톨 프랑스가 보기에도, 심지어는 동굴 거주자들조차 우리가 동굴에서 살지 않도록 하기 위해 유토피아를 꿈꾸었음이 분명했다. …… 아나톨 프랑스는 아마 이렇게 물었을 것이다. 그렇지 않으면 어떻게 우리가 하우스만 남작Baron Hausmann이 설계한 파리의 길거리를 거닐 수 있는가? 도시의 건물이 있기 전에 '도시라는 유토피아'가 없었다면 '최초의 도시'는 존재할 수 없었을 것이다! 우리는 다른 형태의 삶을 이해하고 싶을 때마다 우리 자신의 생활을 그 삶에 투영하는 경향이 있다. 그러므로 아직 검증되지 않은 유토피아에는 끌리지만 이미 신빙성을 잃어버린 유토피아에는 등을 돌리도록 교육받고 훈련받은 세대들에게, 그런 질문은 순전히 수사학적인 것으로 보일 것이며, 그것이 담고 있는 진리는 장광설에 지나지 않을 것이다.……

따라서 유토피아는, 아나톨 프랑스가 동시대인들의 상식에 근거해 제시한 견해와는 반대로, 근대성과 더불어 탄생해 오로지 근대의 대기에서만 숨 쉴 수 있는 것이었다.

무엇보다도 유토피아는 사람들이 직간접으로 알고 있는 세계와는 상이한 또 다른 세계에 대한 상(像)이라 할 수 있다. 나아가 전적으로 인간의 지혜와 헌신으로 고안된 세계가 유토피아다. 그러나 근대가 도래하기 전에는, 인간이 현존하는 세계world-that-is를 또 하나의 다른 세계, 전적으로 인간 스스로 만든 세계로 바꾼다는 생각은 거의 없었다.

전근대적인 인간 삶의 형태들이 끝도 없이 계속되는 단조로운 자기 재생산 과정에서는, 거의 주목할 것도 없는 완만한 변화만 있을 뿐이어서, 지구상의 인간 삶의 대안적 형태들에 대해서는 거의 아무런 영감도 주지 못했고 사고를 자극하는 측면도 없었다. 영감이라고는 오직 묵시록이나 최후의 심판 같은 형태가 있었을 뿐이었는데, 그나마 이 두 가지 모두 신에게서 비롯된 것이었다. 인간의 상상력이 첫 번째 유토피아의 밑그림을 그리기 위해서는, 인간세계의 자기 재생산 능력이 급속히 붕괴되어야 했으며, 이는 역사속에 근대의 탄생이라는 이름으로 기록되어 있다.

꿈꾸던 유토피아가 탄생하려면 두 가지 조건이 필요했다. 우선은 이 세상이 제대로 돌아가고 있지 않으며 철저하게 뜯어고치지 않으면 바로잡을 수 없을 것 같다는, (비록 산만하고 모호하지만) 강력한 느낌이 필요했다. 두 번째 조건으로는 인간에게 그런 과제를 해결할 잠재력이 있다는 확신, '우리 인간은 할 수 있다'는 신념이 필요했다. 인간은 이 세상이 무엇이 잘못되었는지 감지해 낼 수 있고, 병든 부분을 쇄신하려면 무엇을 이용해야 하는지 알아낼 수 있는 이성은 물론, 그런 계획을 인간의 현실에 접목시키는 데 필요한 도구와 무기를 만들 능력도 갖춘 존재라는 것이었다. 요컨대, 이미 존재하거나 앞으로 생길지 모르는 인간의 필요가 어떤 것이든, 세상은 인간이 관리할 경우 그런 필요를 만족시키는 데 더 적합한 형태를 갖추게 될 것이라는 자신감이 필요했다.

근대 이전에는 세상을 대하는 태도가 사냥터지기의 자세와 비슷했다면, 근대의 세계관과 관행을 나타내는 비유로는 정원사의 마음가짐이 가장 적합하다고 할 수 있다.

사냥터지기의 주요 임무는 관리하도록 맡겨진 땅에 인간이 간섭하지 못하도록 지키는 것이다. 이른바 땅의 '자연적 균형', 즉 신이나 자연의 무한한 지혜의 체현물을 보호하고 보존하는 것이 그 목적이다. 그의 임무는 그런 '자연의 균형'이 영구적으로 보존될 수 있도록 하기 위해 밀렵꾼의 덫을 찾아내 못쓰게 하고 낯선 불법 사냥꾼이 침입하지 못하게 하는 것이다. 사냥터지기의 일은, 만사는 어설프게 손댈 바에야 손대지 않는 것이 가장 좋다는 신념에 기초하고 있었다. 즉, 전근대 시대에 그들은, 비록 인간의 정신 능력이 너무 제한되어 있어서 신의 설계에 담긴 지혜와 조화, 질서를 이해할 수는 없으나 세계는 삼라만상이 적재적소에 놓여 있는 신성한 존재의 사슬이라는 신념을 가지고 있었다.

그러나 정원사는 그렇지 않다. 그는 자기가 끊임없이 보살피고 노력하지 않으면 이 세상에는(또는 적어도 이 세상에서 자기가 관리하도록 되어 있는 작은 부분에는) 질서가 없을 것이라고 가정한다. 정원사는 자기가 가꾸는 정원에 어떤 종류의 식물이 자라야 하고 어떤 식물이 자라면 안 되는지 더 잘 안다. 그는 우선 머리에 바람직한 배치도를 마련한 다음에 정원을 그 이미지에 맞춘다. 그는 적합한 종류의 식물들(대체로 그가 직접 씨를 뿌리거나 심은 식물들)은 성장하도록 하고, 그 외의 식물들, 즉 이제는 '잡초'라 개명된 것들은 뿌리를 뽑아 버림으로써 대지에 자신이 미리 생각해 놓은 디자인을 강요한다. 달갑지 않은 불청객인 잡초는, 그가 초대하지 않았기 때문에 달갑지 않은 존재로서 그의 디자인과 전체적으로 조화를 이룰 수 없다.

가장 명민하고 전문적인(아마도 누군가는 직업적이라고 말하고 싶을 것이다) 유토피아 창조자utopia-makers가 될 수 있는 사람은 바로 정원사다. 정원은 언제나 정원사가 머릿속에서 그려낸 청사진 속의 이상적으로 조화로운 이미지에서 그 원형을 드러낸다. 오스카 와일드의 말을 다시 빌리면, 인류가 '유토피아'라는 국가에 닻을 내리는 것이다.



오늘날에는 '유토피아의 몰락'이나 '유토피아의 종말', '유토피아적 상상력의 쇠퇴' 등과 같은 말이 토론에 자주 등장해 마치 상식적이고 자명한 것처럼 받아들여진다. 우리가 이런 말을 듣는 것은 이제 정원사의 태도가 사냥꾼의 자세에 자리를 내어 주고 있기 때문이다.

사냥꾼은, 그가 토지를 소유하기 시작하기 전에 보편화되어 있었던 두 유형과는 달리, 전체적인 '사물의 균형'('자연적'인 것이든 설계되고 고안된 것이든)에 관해서는 신경을 덜 쓴다. 사냥꾼이 추진하는 유일한 일은 자루를 최대한 채워 줄 만큼 큰 사냥감을 '죽이는 것'이다. 분명히 그들은 자신들의 사냥이 끝난 다음에도(그리고 자신들의 사냥이 끝났음에도 불구하고) 반드시 숲에 사냥감이 어슬렁거리도록 그것을 다시 채워 놓아야 할 의무가 있다고는 생각하지 않는다. 특히 사냥꾼은, 분별없이 사냥감을 마구 잡아 없앤 탓에 숲에서 사냥감이 고갈되면, 비교적 망가지지 않아 사냥감이 우글거리는 또 다른 숲으로 옮겨 갈 수 있다. 아직은, 막연한 먼 미래에 사냥감이 남아 있는 숲이 지상에서 완전히 사라질지 모른다는 생각이 들 때도 있겠지만, 설혹 그렇더라도 급한 문제로 여기지는 않을 것이다. 더구나 자기가 걱정할 문제라고는 생각하지 않을 것이 분명하다. 그들은 그런 먼 미래의 전망이 결국은 이번 사냥이나 다음 사냥의 결과를 위태롭게 하지는 않을 것이며, 따라서 한 명의 사냥꾼에 지나지 않는 나, 또는 많은 무리 중 한 무리의 사냥꾼에 지나지 않는 우리에게는, 그에 대해 모종의 조치를 취하는 것은 고사하고 깊이 생각할 의무도 없다고 생각할 것이다.

이제 우리 모두는 사냥꾼이다. 또는 사냥꾼이 되라는 말을 들으며, 사냥꾼처럼 행동하도록 요구받거나 강요당한다. 그렇게 하지 않을 경우 사냥감으로 전락하지는 않더라도(이는 생각조차 할 수 없는 일이다!) 사냥꾼의 대열에서 추방될 것이다. 그리고 우리 주변을 둘러볼 때마다 대개 우리들처럼 외로운 다른 사냥꾼들이나, 우리도 가끔 시도하는 방식으로 무리지어 사냥하는 사람들을 보게 될 것이다. 우리는 자기 사유지의 울타리 너머에까지 모종의 조화를 이루려는 생각을 갖고 밖으로 나가 실행에 옮기는 정원사를 찾으려면 정말 많은 노력이 필요할 것이다(사회과학자들은 정원사가 상대적으로 희귀해지고 사냥꾼이 점점 많아지는 이런 현상을 토론할 때 '개인화'라는 유식한 제목을 붙인다). 사냥터지기나 심지어 기초적인 사냥터지기의 세계관을 지닌 사냥꾼조차 드물 것이다. '생태학적 양심'을 가진 사람들이 두려워하고, 그래서 그렇지 않은 우리들에게 경각심을 갖게 하고자 그렇게 기를 쓰는 것도 주로 이런 이유 때문이다(정치인들은 느리지만 꾸준히 진행 중인 사냥터지기 스타일의 철학의 소멸과 이와 결합된 정원사 스타일의 다양성이 쇠퇴하는 이 현상을 '탈규제화'라는 이름으로 극찬하고 있다).

당연히, 대체로 사냥꾼으로 구성된 세계에서는 유토피아를 생각할 여지가 거의 없다. 누군가 생각해 보라고 유토피아의 청사진을 주어도 심각하게 받아들일 사람은 많지 않을 것이다. 그러므로 비록 세상을 더 좋게 만드는 방법을 알고 있고, 또 더 나은 세상을 만드는 일을 진심으로 받아들이는 사람이 있더라도 정말 어려운 문제가 남아 있다. 누가 필요한 일을 할 수 있을 만한 자원과 강한 의지를 갖고 있는가?

과거에는 국민국가의 통치권자에게 그런 자원과 행동 의지를 기대했다. 그러나 최근 자크 아탈리가 『인간적인 길』에서 이야기하는 것처럼, "국가들은 사태의 흐름에 대한 영향력을 상실하고는,

세계를 목적지로 인도하고 모든 다양한 공포를 막아 주는 방어막을 세울 수단을 세계화 추진 세력에게 넘겨 버렸다." 그리고 이전에 국민국가가 가졌던 많은 권력을 접수한 '지구화 세력'은 '사냥터를 관리'하거나 '정원을 관리'하려 하지 않으며, 이와 같은 철학은 물론 전략도 거의 없다. 대신에 그들은 사냥과 사냥꾼을 좋아할 뿐이다.

언어 용법의 잇단 변화를 충실하게 기록하고 있다는 점에서 칭송받아 마땅한 로제Peter Mark Roget의 『유의어 사전』Thesaurus이, 이제는 사냥꾼의 지침서로서 '유토피아'라는 개념의 유의어로 '공상적인'fanciful, '허황한'fantastic, '허구적인'fictional, '황당무계한'chimerical, '근거 없는'air-built, '실행 불가능한'impractical, '비현실적인'unrealistic, '비이성적인'unreasonable, '비합리적인'irrational 등의 단어들을 나열한다고 해도 매우 자연스러워 보일 것이다. 그렇다면 우리는 정말 유토피아의 종말을 목격하고 있는 것일까?

만일 유토피아가 입이 있고 마크 트웨인 같은 재치도 물려받았다면 자기 죽음에 대한 보고들은 다소 과장된 것이라고 주장했을 것이다. …… 그리고 그럴 만한 이유도 충분하다. 조금 전 컴퓨터에 '유토피아'라는 말을 입력하자 인터넷 검색 엔진은 440만 개의 웹사이트를 찾아냈다(독자들이 이 문장을 읽는 동안에 아마 상당히 많은 사이트가 추가되었을 것이다). 과도한 것으로 악명 높은 인터넷 기준으로 보아도 인상적인 숫자이며, 여기서 썩어 가는 사체의 징후는 커녕 임종 직전에 나타나는 경련의 징후도 찾아볼 수 없다.

그러나 나열된 웹사이트를 좀 더 자세히 들여다보자. 그 목록의 첫 번째이자 가장 인상적인 웹사이트는 검색자에게, "유토피아는 세계에서 가장 큰 무료 인터랙티브 온라인 게임 중 하나이고, 이용자는 8만 명 이상"이라고 알려 준다. 유토피아 사상의 역사와 그 역사적 흐름을 보여 주는 센터에 관한 자료가 일부 이런저런 웹사이트에 흩어져 있기는 하지만, 이는 대개 골동품 애호가나 수집가를 위한 것이다 ─ 여기서 가장 일반적인 자료는 이 모든 것의 선조인 토머스 모어 경 자신에게까지 거슬러 올라간다. 그러나 이런 웹사이트를 찾는 사람은 얼마 되지 않는다.

그렇다고 내가 440만 개의 웹사이트를 다 들어가 보았다는 것은 아니다(그럴 의도가 있다면 아마 유토피아적인 프로젝트 중에서도 가장 유토피아적일 것이다). 그러나 통계적으로 적당한 임의의 표본을 읽은 후에는 다음과 같은 인상을 받았다. '유토피아'라는 말을 주로 사용하는 것은 레저와 인테리어 디자인, 화장품, 패션 등과 관련된 업체라는 것이다. 이런 업체들의 웹사이트에는 무엇인가 공통점이 있다. 모두 개인의 만족을 추구하고, 개인이 겪는 불편함으로부터 개인적인 탈출을 모색하는 개인들에게 개별적인 서비스를 제공한다는 것이다.

또 다른 인상도 받았다. 그런 상업적인 웹사이트들의 홈페이지에 '진보'라는 말이 나타나는 경우는 드물며, 설령 나타난다 하더라도 전진forward drive과 같은 의미는 아니라는 것이다. 진보는 질주하고 있는 목표를 쫓아가는 것이 아니라, 위협으로부터의 탈출을 의미한다. 즉, 그것은 당신을 옥죄어 오는 재난으로부터 도망가야 한다는 충동을 불러일으키는 것이다.

예전에 '유토피아'는 요원하지만 사람들이 갈망하고 꿈꾸는 목표를 의미했다. 인간의 필요에 더 잘 복무하는 세계를 추구하는 이들이 '진보'를 통해 도달해야 하며, 도달할 수 있는, 그리고 궁극적으로는 도달하게 될 목표 말이다. 그러나 현대인의 꿈을 보면 '진보'는 개선의 결과를 함께 누리는 것이 아니라 개인의 생존을 이야기하는 담론으로 변한 것 같다. 사람들은 진보를 앞으로 돌진하려는 충동의 맥락에서 생각하지 않고 경주에서 살아남으려는 필사적인 노력과 연결해서 생각한다. 진보를 의식하면 조심스러워지고 경각심을 갖게 된다. '세월은 유수와 같다'는 말을 들으면, 뒤처지지는 않을까, 달리는 기차에서 떨어지지는 않을까, '의자 뺏기 놀이'에서 앉을 의자가 없지는 않을까 걱정한다. 예컨대, '이번 겨울에 태양을 즐길 수 있는 휴양지'는 브라질밖에 없다는 글을 읽으면, 올해에는 당신과 비슷한 열망을 가진 사람들이 지난 겨울에 모였던 곳은 피해야 한다즉, 브라질로 가야 한다는 것을 알게 된다. 혹은 시간이 흘러 이제는 판초를 두르면 '낙타처럼 보이기' 때문에, 작년에 크게 유행했던 '판초는 버려야 한다'는 글을 읽을지도 모르겠다. 아니면 '별 볼 일 없는 온갖 사람들'이 이제는 모두 줄무늬 정장과 티셔츠 — 지난 시즌에는 '꼭 입어야 했고 또 '입은 모습을 반드시 보여 주어야 했던' — 를 입고 다닌다는 단순한 이유만으로 그런 옷차림은 끝났다는 것을 알게 될 것이다. 이런 이야기는 끝이 없다. 시간은 계속 흐르므로 파도의 흐름을 타야 한다. 가라앉기 싫은가? 그러면 파도를 타라! 이는 당신의 옷장과 가구, 벽지, 외모, 습관 등 — 간단히 말해서 당신 자신 — 을 최대한 자주 바꿔야 한다는 것을 의미한다.

물건을 계속 사용하지 않고 처분하거나 없애 버리는 습관을 새롭게 강조하는 경향이 소비 지향 경제의 논리에 잘 들어맞는다는 것은, 너무나 명백해서 내가 군이 부언할 필요조차 없다. 구입한 제품을 신속하게 쓰레기로 만드는 일이 가장 큰 관심사(그리고 생존의 필수 조건)인 경제체제에서는 어제 쓰던 옷이나 컴퓨터, 휴대전화, 화장품 등을 고집하는 사람은 재앙이다. 그러므로 쓰레기를 신속하게 처리하는 것이 이 경제의 첨단산업이다.

이제 도피는 도시에서 가장 인기 있는 게임이 되어 가고 있다. 의미상 도피는 유토피아와 반대되지만, 심리적으로 현 상황에서는 우리가 이용 가능한 유일한 대체물이다. 혹자는 탈규제화되고 개인화된 소비사회에 맞춰 새로 업데이트한 최신판이자 첨단 기술을 적용해 새롭게 디자인한, 유토피아의 대체물이라고 할 것이다. 당신은 더 이상 세상을 더욱더 살기 좋은 곳으로 만들겠다는 진지한 희망을 품을 수 없다. 어떻게든 혼자서 자기 삶을 개척해 나가야 하는 이 세상에서 안전한 곳이란 없다. 자신이 가까스로 마련한 그나마 좀 더 살기 좋은 장소에서조차 말이다. 불안은 그곳에도 있을 것이다. 어떤 일이 일어나더라도 말이다. 무엇보다 '행운'은 '불운'을 멀리하는 것을 의미한다.

당신이 가장 많은 관심을 기울여야 하고 가장 많은 힘을 쏟아야 하는 것은 패배에 맞서 싸우는 것이다. "최소한 사냥꾼의 대열에 끼어 있도록 노력하라. 그렇지 않으면 사냥감이 될 수밖에 없기 때문이다." 잘 싸워 패배자가 되지 않고 성공의 기회를 부여잡으려면 하루에 24시간, 일주일에 7일 내내 집중력을 잃지 않고, 가능한 한 빠른 속도로, 계속해서 움직여야 한다.

러시아계 미국 철학자이자 시인인 브로드스키Joseph Brodsky는 도피 충동에 따라 시작되어 그것에 의해 유도되는, 그런 종류의 삶을 생생하게 묘사했다. 패배자로 인정된 사람들, 소비 지상주의의 게임에서 배제된 가난한 사람들의 몫은 산발적으로 저항하며 사는 삶이다. 그러나 더 일반적인 것은 마약중독이다. "일반적으로 사람들이 혈관에 마약을 주사하는 이유는 당신이 비디오를 사는 이유와 크게 다르지 않습니다." 1989년 7월 브로드스키가 다트머스 대학Dartmouth College의 학생들에게 한 말이다. 그 학생들이 잠재적으로 되고자 열망하는 부자들에 대해서는 이렇게 말했다.

여러분은 자기 일과 배우자, 연인, 창밖의 전망, 방 안의 가구나 벽지, 자신의 생각, 그리고 자기 자신이 지겨워질 것입니다. 그러므로 벗어날 방법을 생각해 내려고 애쓰게 되겠지요. 앞에서 말한 스스로를 만족시키는 장치들 외에도 직업과 거처, 회사, 국적, 기후를 바꾸기 시작할 수도 있고 난잡한 성생활과 알코올, 여행, 요리 강습, 마약, 심리 치료 등을 시작할지도 모르겠습니다.……

사실 이 모든 것을 한꺼번에 다 시도해 한동안은 효과를 볼 수도 있습니다. 물론 다른 나라와 다른 기후에서 새로운 가족과 새로운 벽지에 둘러싸인 침실에서 눈을 떴을 때 여행사와 심리 치료사가 보낸 청구서 더미와 창문 사이로 쏟아지는 햇살을 보며 맥 빠지는 느낌이 드는 날이 오겠지요.……

뛰어난 폴란드 소설가이자 현대 인간의 조건을 예리하게 분석했던 안드르제이 스타시우크<sup>Andrzej Stasiuk</sup>는 "다른 누군가로 바뀔 가능성"은, 이제는 대체로 폐기되어 그 누구도 호감을 갖지 않는 '구원'에 대한 대체물이라고 주장한다.

우리는 다양한 기술을 이용해 다른 패턴에 따라 몸을 바꿀 수도 있고 몸의 모양을 고칠 수도 있다. …… 화려한 잡지를 훑어보면 대체로 똑같은 이야기를 한다는 인상을 받는다. 다이어트와 주변 환경, 가정부터 시작해서 우리의 정신 구조를 개조하는 것까지 사람의 개성을 바꾸는 방법에 관한 이야기가 그것이다. 이런 이야기에는 종종 너만의 모습을 찾아라 be yourself라는 암호명이 붙어 있다.

많은 나라와 문화를 직접 체험해 세계적인 명성을 얻은 폴란드 극작가 스와보미르 므로제크 Slawomir Mrozek도 스타시우크의 가설에 동의한다. "옛날에는 불행하다는 느낌이 들면 당시 세상의 관리자였던 신을 비난했다. 신이 일을 제대로 하지 않는다고 생각했던 것이다. 그래서 우리는 그를 해고하고 우리들 자신을 새로운 책임자로 임명했다." 그러나 — 성직자를 비롯해 성직에 관련된 모든 것을 혐오하는 열렬한 자유사상가인 므로제크가 발견한 것처럼 — 관리자를 바꿨어도 상황은 나아지지 않았다. 이는 더 나은 삶에 대한 꿈과 희망이 오로지 우리 자신의 자아에만 초점을 맞춘 결과 자신의 육체나 영혼만을 어설프게 변화시키는 꼴이 되었기 때문이었다.

자아를 계속 더 크게 키우려는, 특히 모든 한계를 거부하려는 우리의 야망과 유혹은 끝이 없다. ……나는 이런 말을 들었다. "스스로를 창조하라, 스스로의 삶을 창조하고 매 순간 그리고 처음부터 끝까지 원하는 대로 관리하라." 그러나 과연 나에게 그럴 능력이 있는가? 아무런 도움도, 시행착오도 없이, 무엇보다 회의에 빠지지 않고 그럴 수 있는가?

과거에는 지나치게 선택이 제한되어 있었기 때문에 고통 받았으나 이제는 그에 못지않은 또 다른 일로 고통 받고 있다. 즉, 이제 우리는, 우리가 한 선택을 믿을 수도 없고, 더 나은 선택을 한다고 해서 목표에 조금이라도 더 가깝게 다가갈 수 있을 것이라는 자신감도 갖지 못한 채, 그저 선택을 해야만 한다는 의무 때문에 고통 받고 있다. 므로제크는 우리가 사는 세상을 시장의 상점에 비유한다.

> 가판대에는 값비싼 옷들이 가득 쌓여 있고, '자아'를 찾는 사람들이 그 주위를 에워싸고 있다. …… 옷을 한없이 바꿀 수 있으니 사람들은 얼마나 경이로운 자유를 누리고 있는 것인가. …… 진정한 자아를 계속 찾아보자. 정말 기막히게 재미있는 일이다. 단, 여기에는 진정한 자아는 절대로 발견할 수 없을 것이라는 조건이 붙는다. 왜냐하면 그렇게 되면 그날로 재미는 끝이기 때문이다…….

자아를 바꿈으로써 불확실성은 덜 힘겹게, 행복은 더 오래가게 만들려는 꿈, 그리고 옷을 갈아입음으로써 그 자아를 바꾸려는 꿈은 사냥꾼의 '유토피아'이다. 이는 좋은 사회란 구성원들의 인간성을 따뜻하게 대해 주는 사회라는 과거의 전망을 '탈규제화하고' '사유화하고' '개인화한' 버전이라 할 수 있다. 사냥은 전업으로 해야하는 일이다. 이 일을 하는 데는 많은 주의력과 에너지가 들며, 다른 일을 할 시간은 거의 남지 않는다. 따라서 사냥은 그 일이 끝도 없이 계속된다는 사실을 외면하게 하며, 성찰의 시간을 무한정 미뭐 놓도록 한다. 성찰을 통해 사냥이라는 과업을 완수하기는 사실상 불가능하다는 사실을 직시해야 할 필요가 있는데도 말이다. 파스칼이 오래 전에 예언적으로 기록한 것처럼, 사람들이 원하는 것은 "도박이나 사냥, 정신을 쏙 빼놓는 모종의 쇼처럼 즐겁고 새로운 일에 빠져서 자기를 계속 바쁘게 만듦으로써 자기의 현재 모습에 대한 생각을 피하는 것이다." 사람들은 "우리의 불행한 조건"에 대해 생각할 필요로부터 도망가길 원한다. 그러므로 "우리는 사냥감보다는 사냥 자체를 좋아한다." "산토끼 자체는" 우리가 공유하는 조건이 안고 있는, 끔찍하지만 어쩔 수 없는 결함에 대한 "생각에서 벗어나게 해주지 않지만" "산토끼 사냥은 이를 가능하게 해준다."

그러나 문제는, 사냥은 일단 맛을 들이고 나면 다시 하고 싶은 충동이 생기고, 중독되며, 집착하게 된다는 점이다. 산토끼를 잡는 것은 김빠지는 결말anticlimax이다. 그것은 다음 사냥에 대한 유혹을 더 강하게 만들 뿐이다. 사냥에 따르는 희망이 사냥의 전 과정에서 가장 즐거운(유일하게 즐거운?) 경험임을 알았기 때문이다. 토끼를 잡았다는 것은 그런 희망이 사라졌다는 것을 알려 준다. 다음날 사냥을 더 할 계획을 세우고 다음날 아침에 사냥을 시작하지 않는다면 말이다.

유토피아의 끝도 이런가? 어떤 면에서는 그렇다. 근대 초기의 유토피아는 시간이 끝날 시점, 사실상 역사로서의 시간의 끝을 예상했다. 그러나 사냥꾼의 삶에는 그런 시점이 없다. 일을 끝냈다고, 즉 상황이 시작되었다가 마무리되어 임무를 완수했다고 말할 수 있는 (그러므로 여생을 '지금부터 영원히 행복하게 살아갈 일'을 기대할 수 있는) 순간이 없는 것이다.

게다가 사냥꾼의 사회에서 이번 사냥이 끝나리라는 전망은 매력적인 것이 아니라 끔찍한 것이다. 그런 끝은 단지 개인적인 패배와 배제의 형태로만 올 수 있기 때문이다. 또 다른 모험이 시작되었음을 알리는 나팔 소리는 계속 울려 퍼질 것이다. 사냥개가 짖는 소리는 계속해서 사냥감을 쫓던 달콤한 기억을 상기시킬 것이다. 다른 이들의 사냥도 계속될 것이고, 세상은 계속 흥분에 휩싸여 있을 것이다. …… 오직 나 하나만 그 자리에서 물러나, 더 이상 아무도 원하지 않는 사람이 되어, 다른 이들이 느끼는 기쁨을 느낄 수 없게 될 것이다. 그저 울타리의 반대편에서 잔치를 바라보며 흥청거리는 사람들 틈에 끼지 못하거나 낄 수 없어서 기껏해야 멀리서 그 광경을 바라보며 들려오는 소리에 대리 만족이나 느껴야 하는 그런 수동적인 구경꾼이 되는 것이다.

끊임없이 계속 사냥에 참여하는 삶이 또 다른 유토피아라면, 그것은 (과거의 유토피아와는 반대로) 끝이 없는 유토피아다. 사실 정통적인 기준으로 보면 기괴한 유토피아다. 본래 유토피아는 고생이 끝날 것이라는 약속으로 사람들을 끌어당겼다. 이에 반해 사냥꾼의 유토피아는 고생이 결코 끝나지 않는 꿈이다.

이 유토피아는 비정통적인 낯선 유토피아다. 그럼에도 불구하고 이 유토피아 역시 모든 유토피아가 내세우는, 절대로 받을 수 없는 똑같은 보상을 약속한다. 인간이 안고 있는 문제(과거와 현재, 그리고 미래의)가 궁극적으로 철저하게 해결되고, 인간의 조건이 안고 있는 슬픔과 아픔이 궁극적으로 철저하게 치료되는 것이 그 보상이다. 이 유토피아가 정통이 아닌 주된 이유는, 모든 것이 해결되고 치료되는 장소를 '멀리 떨어진 곳'에서 '지금 여기'로 옮겨 놓았기 때문이다. 사냥꾼들에게 제공되는 삶은 유토피아를 향해 나아가는 삶이 아니라 유토피아 안에서 사는 삶이다.

정원사에게, 유토피아는 길의 끝이었다. 그러나 사냥꾼에게는 길 자체다. 정원사는 길의 끝을 유토피아의 정당화이자 궁극적 승리로 생각했다. 반면 사냥꾼에게, 길의 끝은 이미 삶의 현실이 된 유토피아의 종착점이자 수치스러운 패배이다. 한술 더 떠서 개인적인 실패를 보여 주는 꼼짝 못할 증거와 완전한 개인의 패배가 될 수도 있을 것이다. 다른 사냥꾼들이 사냥을 그만둘 가능성은 거의 없다. 그러므로 계속해서 사냥에 참가하지 못하면, 자기만 배제되었다는 수치심과 따라서 (추측컨대) 자기만 능력이 없다는 무력감 등을 느낄 수 있다.

아득히 '멀리 떨어진 곳'에서 현실감 있는 '지금 여기'로 옮겨진 유토피아, 삶의 목표가 아니라 이미 삶의 현실이 된 유토피아는 검증이 필요 없다. 온갖 현실적인 의도와 목적에도 불구하고 이 유토피아는 불멸이다. 그러나 그 불멸성은 마법과 유혹에 걸려 그곳에 사는 모든 사람들 하나하나의 연약성과 취약성을 대가로 얻은 것이다.

　과거의 유토피아와 달리 사냥꾼들의 유토피아는 삶(진정한 것이든 연출한 것이든)에 의미를 제공하지 않는다. 그 안에서 살고 있는 사람들이 삶의 의미에 관한 물음을 생각하지 못하도록 도와줄 뿐이다. 이 유토피아는 삶의 여정을 자아에 초점을 맞추고 무엇인가를 끝없이 추구하는 것으로 바꾸어 놓고 모든 일화를 다음에 이어지는 일화의 서곡에 지나지 않는 것으로 만들어 놓았다. 그러므로 그 모든 것의 방향과 의미에 대해 깊이 생각할 기회를 조금도 주지 않는다. 마침내 (사냥하는 삶에서 빠져나오거나 추방당하는 순간에) 그런 기회가 찾아왔을 때는(찾아온다 하더라도), 대개 그 생각을 삶 — 다른 사람들의 삶은 물론 자기 자신의 삶도 — 이 형성되는 방식과 관련시키기에는 너무 늦은 때이고, 따라서 삶의 현재 형태에 반대하고 그 형태의 타당성을 효과적으로 논박하기에는 너무 늦다.

지금도 이야기가 계속 전개되고 있는, 각본도 없고 아직 끝나지도 않은 이 연극(우리들 모두가 간헐적으로 또는 동시에 장식물이나 무대 소도구, 등장인물이 되는)의 중간에, 그 전체를 요약하기는 어렵다. 아니 불가능하다. 그러나 위대한 이탈로 칼비노Italo Calvino가 『보이지 않는 도시들』La citta invisibili에서 마르코 폴로의 입을 빌어 하는 말보다 연기자들이 직면한 딜레마를 더 잘 기록할 수 있다고 주장할 사람은 없을 것이다.

살아 있는 사람들의 지옥은 미래의 어떤 것이 아니라 이미 이곳에 있는 것입니다. 우리는 날마다 지옥에서 살고 있고 함께 지옥을 만들어 가고 있습니다. 지옥을 벗어날 수 있는 방법은 두 가지입니다. 첫 번째 방법은 많은 사람들이 쉽게 할 수 있습니다. 그것은 바로, 지옥을 받아들이고 그 지옥이 더 이상 보이지 않을 정도로 그것의 일부분이 되는 것입니다. 두 번째 방법은 끊임없는 경각심이 필요하고 불안이 따르는 위험한 길입니다. 그것은, 즉 지옥의 한가운데서 지옥 속에 살지 않는 사람과 지옥이 아닌 것을 찾아내려 하고, 그것을 구별해 내어 지속시키고 그것들에 공간을 부여하는 것입니다.●

물론 사냥꾼의 사회에서 사는 것이 지옥에서 지내는 것처럼 느껴지느냐는 논란의 여지가 있는 문제다. 대부분의 노련한 사냥꾼들은, 사냥꾼의 대열에 끼어 있으면 더할 나위 없이 행복한 순간이 있기 마련이라고 할 것이다. 그러나 분명한 것은, '다수'는 '다수에게 쉬운' 전략을 선택할 것이며, 결국 그 사회의 일부가 되어 더 이

●『보이지 않는 도시들』(이탈로 칼비노 지음, 이현경 옮김, 민음사, 2007), p. 207~208 참조.

상 그 사회의 괴상한 논리에 어리둥절해 하거나, 어디서나 제시되는 강압적이고 대체로 허무맹랑한 요구에도 자극 받지 않을 것이라는 점이다. 또한 분명한 것은, '누가 그리고 무엇이 지옥이 아닌지'를 알아내려고 고투하는 사람이라면, 자신들이 고집스럽게 '지옥'이라 부르는 것을 받아들이라고 강요하는 온갖 종류의 압력에 맞서 용감하게 싸워야만 할 것이라는 점이다.

# 1

IMF 이후 지구화 물결이 거세게 밀어닥치면서 '노동의 유연성'이라는 말이 부각되기 시작했다. 말이 좋아 유연성이지 사실은 대부분의 사람들이 하루살이로 변한다는 이야기다. 그러면서 경쟁이 부각됐다. 이웃도 사라지고 있는 것 같다. 삶은 서로 돕고 의지하면서 사는 것이라던 이해가 무너지고 있는 것이다. 이제는 무조건 앞으로 달려야 한다. 기업은 비대해지는데 직장인은 피폐해진다. 젊은 맞벌이 부부들은 자식을 갖는 것을 모험으로 생각할 지경이다. 삶 자체가 불확실해져 앞날을 기약할 수 없다. 우리를 지탱해 주던 버팀목들이 슬금슬금 사라지고 있다. 홀로 버티며 살아가야 하는 현실 속에서 우리는 공포와 불안을 안고 살아간다. 우리는 지금 유토피아와 지옥, 이 둘 중 어떤 세계에 살고 있는 것일까? 우리는 이런 현실을 어떻게 이해해야 하는가? 이 책은 바로 이런 물음에 대한 대답이다.

바우만은 유동하는 근대로의 변화와 현대인의 불안과 공포를 통해 이런 상황을 설명한다. 유동적 국면의 근대에는 우리의 삶을 예측 가능하게 만들어 주던 여러 가지 제도들이 순식간에 끊임없이 변화한다. 또 권력은 이미 상당 부분 전지구적 공간으로 이전되고 있는데도, 여전히 정치는 지역 차원에 국한되어 있는 탓에 국민국가의 시민들이 안고 있는 삶의 문제들을 해결해 주지 못하고 있다. 게다가 개인들을 보호해 주던 국가 장치도 사라졌기 때문에 유동하는 근대를 살아가며 겪게 되는 각종 불운한 일들은 오롯이 개인의 몫으로 남는다. 유동하는 세계에서 모든 보호 장치들을 박탈당한 헐벗은 개인들, 어느 곳이든 자유롭게 움직이는 자본의 세계에서 어느 곳으로도 자유롭게 움직일 수 없는 개인들, 불안과 공포로 말미암아 영혼을 잠식당한 개인들에게 말이다.

바우만에 따르면, 이런 상황에서 개인들은 더 이상 세상을 더욱더 살기 좋은 곳으로 만들겠다는 진지한 희망을 품을 수 없게 되었다. 어떻게든 혼자서 자기 삶을 개척해 나가야 하는 이 세상에서는 오로지 '도피'만이 유일한 생존 전략이 되는 것이다. 하지만 불안은 도처에 만연해 있다. 주거지를 요새처럼 무장하고 장갑한 차량을 타고 다녀도 사라지지 않는 불안과 공포. 이런 세계에서는 유토피아의 의미마저 바뀌게 된다. 과거에 '유토피아'는 요원하지만 사람들이 갈망하고 꿈꾸던 목표였으며, 진보의 결실을 공동체에서 서로 공유하는 것이었지만, 오늘날 유토피아는 '개인의 생존'을 이야기하는 담론이 되어 버린 것이다. 경주에서 살아남기 위해 필사의 노력을 다해야 하고, 사냥감이 되지 않기 위해 끊임없이 사냥꾼으로 살아남아야 하는 곤혹스러운 세상에서 유토피아나 진보는 지옥과 동일한 의미를 가질 뿐이다. 바우만은 묻는다. 우리가 살아가고 있는 세계는 유토피아인가 아니면 지옥인가? 물론, 누군가에게는 유토피아일 수도 있다. 지옥에서마저도 취향에 맞춰 살아갈 수 있는 능력을 가진 사람들에게는 말이다. 하지만 대다수에게 그런 세계는 말 그대로 지옥일 뿐이다.

우리는 과연 이런 지옥을 순순히 받아들이며 살아갈 수밖에 없는 걸까? 이제 여든을 훌쩍 넘긴 노학자는 체념도 냉소도 없이 여전히 혈기왕성한 젊은이처럼 이렇게 이야기한다. 지옥을 견디며 살지 않을 바에는 지옥을 지옥이 아니라고 우기는 사람들, 지옥을 받아들이라고 강요하는 사람들에 맞서 용감하게 싸우고, 끊임없이 지옥이 아닌 곳을 찾아내고 만들어 내라고 말이다.

## 2

잘 알려진 것처럼 이 책의 저자인 지그문트 바우만은 유대계 부모 밑에서 태어난 폴란드 출신 사회학자다. 1954년부터 1968년까지는 바르샤바 대학에서 가르쳤으나, 1960년대 말 폴란드의 반유대주의로 인해 1971년 영국으로 망명한 후 현재 영국 리즈 대학과 폴란드 바르샤바 대학의 명예교수로 활동하고 있다. 1925년 11월 25일생이니 한국 나이로는 여든 여섯 살이다. 국제적인 명성을 얻고 있는 학자의 글들이 국내에 소개되고, 그의 저작들이 본격적으로 번역된 게 2008년이니 꽤나 늦은 나이에 그의 저작들이 국내에 소개된 감이 있다.

하지만, 이는 단순히 한국적인 상황만은 아닌 것으로 보인다. 실제로, 그가 세계적으로 명성을 얻게 된 저서들은 대체로 1990년, 바우만이 리즈 대학에서 은퇴한 이후 쓴 글들이라는 점에서 특히 그러하다. 나아가 2000년 이후에는 "견고한"solid 근대와 "유동하는"liquid 근대라는 은유를 사용함으로써 "근대성"과 "탈근대성"postmodernity의 문제를 새로운 시각에서 접근하고 있다. 이 시기에 출간된 대표적인 책으로는 *Liquid Modernity*(Polity, 2000)[『액체 근대』(이일수 옮김, 강, 2009)]와 *Liquid Love: On the Frailty of Human Bonds*(Polity, 2003), *Liquid Life*(Polity, 2005), *Liquid Fear*(Polity, 2006)[『유동하는 공포』(함규진 옮김, 산책자, 2009)], *Liquid Times: Living in an Age of*

*Uncertainty*(Polity, 2006) 등이 있다. 이런 점에 비추어 볼 때, 어느 논평자의 지적처럼 바우만이 전 세계적으로 명성을 얻기까지는 동시대인들보다 더 오랜 시간이 걸렸지만 그 누구보다 더 왕성한 활동을 하고 있을 뿐만 아니라 당대의 시대적 흐름을 가장 잘 짚고 있는 학자인 것 같다.

이 책은 이 시리즈 가운데 가장 최근작인 『유동하는 시간: 불확실성 시대의 삶』*Liquid Times: Living in an age of Uncertainty*(Polity, 2006)을 우리말로 옮긴 것이다. 하지만 번역을 시작했을 당시만 해도 영어판은 미출간 상태였고, 이 책의 판권은 이탈리아 출판사가 소유하고 있었다. 보내 준 미출간 영어판 원고에는 Fear and Insecurity 라는 가제가 붙어 있었지만, 먼저 출간된 이탈리아어판은 『모두스 비벤디: 유동하는 세계의 지옥과 유토피아』*Modus Vivendi : Inferno e Utopia del Mondo Liquido*(Gius. Laterza & Figli, 2006)라는 제목을 달고 있었고, 한국어판의 제목은 이 이탈리아어판의 제목을 따른 것이다.

모두스 비벤디는 견해가 서로 다른 이들 사이의 협약을 의미하는 라틴어인데, 영어로 번역하면 '삶의 양식'mode of life으로, 서로 갈등하는 이들 사이에 삶이 지속될 수 있도록 해주는 일시적 합의를 의미한다. 국제정치 분야에서 이는 좀 더 실질적이고 완전한 조약으로 대체할 것을 염두에 두고, 잠정적으로 체결하는 협약을 뜻한다. 바우만은 유동하는 근대의 삶의 양식이 바로 이런 갈등하는 이들 사이의 '일시적이고도 잠정적인' 공존과도 같다고 말한다. 이방인과 공간을 공유하는 도시 주민의 삶의 양식, 전지구적 엘리트들과 지역적 주민들이 불안하게 공존하면서 만들어 가는 삶의 양식, 난민과 도시민, 인간쓰레기가 뒤엉켜 만들어 내는 삶의 양식들이 바로 유동하는 근대사회의 모습인 것이다.

## 3

이 책을 번역하는 일은 대단히 귀한 기회였다. 그러나 소위 "글을 쓸 줄 아는 사회학자"로 평가받는 바우만의 글을 번역하는 일은 결코 쉬운 일이 아니었다. 바우만이 화려한 수사를 구사하는 데다 유려하지만 긴 문장을 즐겨 썼기 때문이다. 다만, 가능한 우리말로 쉽게 읽을 수 있도록 문장을 나누되, 문장의 의미가 정확히 살 수 있도록 최대한 노력했다. 후마니타스 편집진은 이 어렵고 고된 과정의 좋은 동반자가 되어 주었다. 대기업 중역으로 근무하다 나와 이제는 편히 쉬고 싶을 텐데 기꺼이 번역을 도와준 친구 차상기의 마음도 이 책에 담겨 있다. 그리고 사고를 당해 병원에서 고생하시다 얼마 전 돌아가신 어머니의 사랑과 옆에서 늘 힘이 되어 주는 집사람의 사랑도 깃들어 있다. 이 외에도 항상 울타리가 되어 주는 모든 분들에게도 감사하는 마음을 전한다.

## 1_유동하는 근대의 삶과 그 공포

1 Milan Kundera, *L'Art du roman*, Gallimand, 1986(『소설의 기술』, 밀란 쿤데라 지음, 권오룡 옮김, 민음사, 2008).

2 Jacques Attali, *La Voie humaine*, Fayard, 2004[『자크 아탈리의 인간적인 길 : 새로운 사회민주주의를 위하여』, 자크 아탈리 지음, 주세열 옮김, 에디터, 2005).

3 Arundhati Roy, "L'Empire n'est pas invulnérable," *Manière de Voir*, 75 (June~July 2004), pp. 63-66.

4 Matthew J. Morgan, "The garrison state revisited: civil-military implications of terrorism and security," *Contemporary Politics*, 10/1 (Mar. 2004), pp. 5-19에서 인용.

5 Alexander Hamilton, "The consequences of hostilities between states," in *The Federalist Papers*, New American Library, 2003을 보라(『페더랄리스트 페이퍼』, 알렉산더 해밀턴 지음, 김동영 옮김, 한울, 1995).

6 David L. Altheide, "Mass media, crime, and the discourse of fear," *Hedgehog Review*, 5/3 (Fall 2003), pp. 9-25.

7 *Hedgehog Review*, 5/3 (Fall 2003), pp. 5-7.

8 Stephen Graham, "Postmodern city: towards an urban geopolitics," City, 2 (2004), pp. 165-196.

9 Ray Surette, *Media, Crime and Criminal Justice*, Brooks/Cole, 1992, p. 43.

10 Andy Beckett, "The making of the terror myth," *Guardian*, G2, 15 Oct. 2004, pp. 2-3을 보라.

11 Hugues Lagrange, *Demandes de sécurité*, Seuil, 2003을 보라.

12 Victor Grotowicz, *Terrorism in Western Europe: In the Name of the Nation and the Good Cause*, PWN, Warsaw, 2000을 보라.

**13** Michael Meacher, "Playing Bin Laden's game," *Guardian*, 11 May 2004, p. 21.

**14** Maurice Druon, "Les Stratégies aveugles," *Le Figaro*, 18 Nov. 2004, p. 13을 보라.

**15** Deborah Orr, "A relentless diet of false alarms and terror hype," *Independent*, 3 Feb. 2004, p. 33을 보라.

**16** Duncan Campbell, "The ricin ring that never was," *Guardian*, 14 April. 2005 를 보라.

**17** "War on terror fuels small arms trade," *Guardian*, 10 Oct. 2003, p. 19를 보라.

**18** Conor Gearty, "Cry freedom," *Guardian*, G2, 3 Dec. 2004. p. 9를 보라.

**19** Artur Domoslawski와의 대화중에서 Benjamin R. Barber를 보라. *Gazeta Wyborcza*, 24~26 Dec. 2004, pp. 19-20.

## 2_이동 중인 인류

**1** Rosa Luxemburg, *The Accumulation of Capital*, trans. Agnes Schwarzschild, Routledge, 1961, pp. 387, 416.

**2** Jeremy Seabrook, "Powder keg in the slums," *Guardian*, 1 Sept. 2004, p. 10 (곧 발간될 *Consuming Culture; Globalization and Local Lives*의 일부)을 보라.

**3** Clifford Geertz, "The use of diversity," in *Available Light; Anthropological Reflections on Philosophical Topics*, Princeton University Press, 2000, pp. 68-88을 보라.

**4** 걸프전 당시 사담이 무장 헬기로 이라크 쿠르드족을 공격했을 때 쿠르드족은 북부 지방의 산을 타고 터키로 피하려고 했다. 그러나 터키인들은 그들을 받아들이지 않았다. 터키인들은 국경을 넘으려는 쿠르드족을 물리적으로 채찍질해 내쫓았다. 나는 터키의 한 장교가 "우리는 이 사람들이 싫다. 이들은 형편없는 돼지다"라고 하는 말을 들었다. 결국 쿠르드족은 영하 10도를 밑도는 날씨에 몇 주 동안 꼼짝 못하고 산중에 갇혀 있었는데, 도망칠 때 걸쳤던 옷만 겨우 입고 있는 경우가 많았다. 이질, 장티푸스, 영양실조 등으로 고생을 가장 많이 한 것은 어린이들이었다(Maggie O'Kane, "The most pitiful sights I have ever seen," *Guardian*, 14 Feb. 2003, pp.

6-11을 보라).

5 Gary Younge, "A world full of strangers," *Soundings*(Winter 2001~2), pp. 18-22.

6 Alan Travis, "Treatment of asylum seekers 'is inhumane'," *Guardian*, 11 Feb. 2003, p. 7을 보라.

7 Alan Travis, "Blunkett to fight asylum ruling," *Guardian*, 20 Feb. 2003, p. 2를 보라.

8 Michel Agier, *Aux bords du monde, les réfugiés*, Flammarion, 2002, pp. 55-56을 보라.

9 Ibid., p. 86.

10 Fabienne Rose Émilie Le Houerou, "Camps de la soif au Soudan," *Le Monde Diplomatique*, May 2003, p. 28을 보라.

11 Ibid., p. 94.

12 Ibid., p. 117.

13 Ibid., p. 120.

14 Alan Travis, "UK plan for asylum crackdown," *Guardian*, 13 June 2002를 보라.

15 Martin Bright, "Refugees find no welcome in city of hate," *Guardian*, 29 June 2003, p. 14.

16 Alan Travis, "Tough asylum policy 'hits genuine refugees'," *Guardian*, 29 Aug. 2003, p. 11을 보라.

17 Gary Younge, "Villagers and the damned," *Guardian*, 24 June 2002.

18 Michel Foucault, "Of other spaces," *Diacritics*, 1 (1986), p. 26을 보라.

19 Loïc Wacquant, "Symbole fatale. Quand ghetto et prison se ressemblent et s'assemblent," *Actes de la Recherche en Sciences Sociaels* (Sept. 2001), p. 43을 보라.

20 다음과 비교해 보라. Loïc Wacquant, "The new urban color line: the state and fate of the ghetto in postfordist America," in Craig J. Calhoun(ed.), *Social Theory and the Politics of Identity*, Blackwell, 1994; "Elias in the dark ghetto,"

*Amsterdams Sociologisch Tidjschrift* (Dec. 1997).

21 Michel Agier의 "Entre guerre et ville," *Ethnography*, 2 (2004)를 보라.

22 Stewart Hall, "Out of a clear blue sky," *Soundings*(Winter 2001~2), pp. 9-15.

23 David Garland, *The Culture of Control: Crime and Social Order in Contemporary Society*, Oxford University Press, 2001, p. 175.

24 Loïc Wacquant, "Comment la 'tolérance zéro' vint à l'Europe," *Manière de Voir*(Mar.~Apr. 2001), pp. 38-46.

25 Ulf Hedetoft, *The Global Turn: National Encounters with the World*, Aalborg University Press, 2003, pp. 151-152.

26 Peter Andreas and Timothy Snyder, *The Wall around the West*, Rowman and Littlefield, 2000을 보라.

27 Naomi Klein, "Fortress continents," *Guardians*, 16 Jan. 2003, p. 23. 이 글은 처음에는 *Nation*에 발표된 것이다.

## 3_국가, 민주주의 그리고 공포 관리

1 Robert Castel, *L'Insécurité sociale. Qu'est-ce qu'être protégé?*, Seuil, 2003, p. 5.

2 Sigmund Freud, *Civilization and its Discontents*, Penguin Freud Library, vol. 12, pp. 274ff(『문명 속의 불만』, 지그문트 프로이트 지음, 김석희 옮김, 열린책들, 2003).

3 Castel, *L'Insécurité sociale*, p. 6.

4 Ibid., p. 22.

5 좀 더 충분한 논의를 위해서는 나의 *Individualized Society*, Polity, 2002를 보라.

6 Ibid., p. 46.

7 T. H. Marshall, *Citizenship and Social Class, and Other Essays*, Cambridge University Press, 1950을 보라.

8 Paolo Flores d'Arcais, "The US elections: a lesson in political philosophy:

populist drift, secular ethics, democratic politics"(여기서 인용한 것은 Giacomo Donis의 MS 번역임).

9 Cf. John Gledhill, "Rights and the poor," in *Human Rights in Global Perspective: Anthropological Studies of Rights, Claims and Entitlement*, ed. Richard Ashby Wilson and Jon P. Mitchell, Routledge, 2003, pp. 210ff. (C. B. Macpherson, *The Political Theory of Possessive Individualism: Hobbes to Locke*, Oxford University Press, 1962에서 인용).

10 John R. Searle, "Social ontology and free speech," *Hedgehog Review*(Fall 2004), pp. 55-66.

11 Castel, *L'Insécurieté sociale*, pp. 47ff를 보라

## 4_생활공간의 분리

1 Nan Ellin, "Fear and city building," *Hedgehog Review*, 5/3 (Fall 2003), pp. 43-61.

2 B. Diken and C. Laustsen, "Zones of indistinction: security, terror and bare life," *Space and Culture*, 5 (2002), pp. 290-307)

3 Gary Gumpert and Susan Drucker, "The mediated home in a global village," *Communication Research*, 4 (1996), pp. 422-438.

4 Stephen Graham and Simon Marvin, *Splintering Urbanism*, Routledge, 2001, p. 285.

5 Ibid., p. 15.

6 Michel Schwarzer, "The ghost wards: the flight of capital from history," *Thresholds*, 16(1998), pp. 303-328.

7 Manuel Castells, *The Informational City*, Blackwell, 1989, p. 228(『정보도시 : 정보기술의 정치경제학』, 마누엘 카스텔 지음, 최병두 옮김, 한울, 2001).

8 Teresa Caldeira, "Fortified enclaves: the new urban segregation," *Public Culture*, 8/2(1996), pp. 303-328.

9 Nan Ellin, "Shelter from the storm, or form follows fear and vice versa," in

*Architecture of Fear*, ed. Nan Ellin, Princeton Architectural Press, 1997, pp. 13-26.

10 Steven Flusty, "Building paranoia," in *Architecture of Fear*, pp. 48-52.

11 John Friedman, "Where we stand: a decade of world city research," in *World Cities in a World System*, ed. P. K. Knox and P. J. Taylor, Cambridge University Press, 1995; David Harvey, "From space to place and back again: reflections on the condition of postmodernity" in *Mapping the Futures*, ed. John Bird et al., Routledge, 1993 참조.

12 Michael Peter Smith, *Transnational Urbanism: Locating Globalization*, Blackwell, 2001, pp. 54-55.

13 Ibid., p. 108.

14 Manuel Castells, *The Power of Identity*, Blackwell, 1997, pp. 61, 25(『정체성 권력 : 정보시대 경제·사회·문화』, 마누엘 카스텔 지음, 정병순 옮김, 한울, 2008).

15 Manuel Castells, "Grassrooting the space of flows," in *Cities in the Telecommunications Age: The Fracturing of Geographies*, ed. J. O. Wheeler, Y. Aoyama and B. Warf, Routledge, 2000, pp. 20-21.

16 Richard Sennett, *The Uses of Disorder: Personal Identity and City Life*, Faber, 1996, pp. 39, 42.

17 Ibid., p. 194.

18 Samuel Huntington, *The Clash of Civilizations and the Remaking of World Order*, Simon and Schuster, 1996(『문명의 충돌』, 새뮤얼 헌팅턴 지음, 이희재 옮김, 김영사, 1997)을 보라.

19 Mark Juergensmeyer, "Is religion the problem?," *Hedgehog Review*(Spring 2004), pp. 21-33을 보라.

# 찾아보기